Urs Widmer

Auf auf ihr Hirten! Die Kuh haut ab!

Kolumnen

Diogenes

Umschlagfotografie:
Koni Nordmann
Idee: Isolde Ohlbaum

Inhalt

Vorwort 9

Demnächst in diesem Theater 11

Das Kreuz der Schweizer 14

Eine Armee durch dick und dünn? 17

Eine Geschichte aus New York 20

$, £, SFr und der Sport 23

Das Gleiche und das Neue 26

Das Märchen der Schweizer 29

Niemals vergessen 32

Arme Sehnsucht! Arme Wut! 35

Lechts und rinks 38

Was ich gerade schreibe 41

»Intellektuelle« 44

Die Seele als Metermaß 47

Nieder mit Duden! 50

Die Lehren der Geschichte 53

Schnell schreiben! Langsam lesen! 56

Macht Ronald Reagan unsterblich! 59

Die Magie der Namen 62

Das Land der Dichter 65

Der erste Bergsteiger 68

Brief an das Amt für Zivilschutz 71

Beim Barte des Propheten! 74

Warten auf Warten auf Godot 77

Noch ein Brief 80

Wie sieht Gott aus? 83

Mein Vater aus Calau 86

Die Lehre des Cato 89

Ferien! 92

Der Planet der Toten 95

Endlich zurück! 98
Die Schöpfung, alternativ 101
Die Nilpferde und ihre Vögel 104
Hiroshima minus 30 Sek. 107
Die Dichter und ihr Staat 110
Mein Vater der Schmuggler 113
Schneewittchen und die neunzehn Zwerge 116
Gesichter 119
Das Schreiben ein Traum 122
Wenn Schweigen Gold ist, ist Reden Blech 125
Augenzeuge 128
Die lachenden Fremden 131
Die Gewalt der Frau Kopp 134
Übertretung von Art. 84 Ziffer 1 Lit. a
   des BG über den Zivilschutz 137
Die Verbesserung von Mitteleuropa 140
Ein Herz für Aufkleber 143
Die Rückkehr des Mittelalters 146
Goethe oder Sch...dreck 149
Z Basel an mim Rhy 152
Wenn einer eine Reise tut 155
Ein Cüpli für die Hefe-Tierchen 158
Die heilige Geschichte 161
Gute Vorsätze 164
Verschwundene Landschaften 167
Unser museales Jetzt 170
Die Winde der Wende 173
Die Sprache der Liebe 176
Ist die Aufklärung gescheitert? 179
Die weisen Babys 182
Privates Jubiläum 185
Wir Terroristen 188
Hütt isch wider Fasenacht 191
Innen und außen 194

Der wunderbare Gorbatschow   197

Die Autonomie der Meerschweinchen   200

Die Luft von Bern, ein Drama   203

Die Bochumisierung unsrer Städte   206

Frühling im Jahr 4022   209

Mein Freund Gusti   212

Ein Jahr nach Tschernobyl   215

Die Krise der CH 91   218

Die Welt der Scanner   221

Das verlorene Buch   224

Faschismus, Kommunismus, wir   227

Leben ist Vergessen, Vergessen ist Leben   230

»Nicht für die Schule, fürs Leben lernen wir«   233

Wir armen Dichter   236

Auf auf, ihr Hirten! Die Kuh haut ab!   239

Die Tabus der andern   242

Ferien und Glück   245

Sein oder nicht sein   248

Müde oder wach   251

Rede zum 1. August   254

Geld   257

Meine Erfahrungen mit der Pornographie   260

Die Welt spinnt   263

Vielleicht sollte ich doch noch ein Zeichner
    werden?   266

Sollen Bundesräte ins Gefängnis müssen?   269

Die industriellen Künstler   272

Gesucht: der einfache Leser   275

Theater   278

Das immer schnellere Rasen der Zeit   281

Abschied von meinen Lesern   284

Vorwort

Ich habe diese Kolumnen – 92 Stück, wenn ich richtig gezählt habe – zwischen Januar 1986 und Oktober 1987 für die Schweizer Illustrierte *geschrieben, jede Woche eine. Ich habe es gern getan, so gern eigentlich, daß ich Symptome der Sucht zu entwickeln begann und zusehends von der Vorstellung heimgesucht wurde, ich müßte, um in meinem Element zu sein, täglich eine Kolumne schreiben, oder eine jede Stunde. Denn je mehr man schreibt, desto radikaler kann alles zum Thema werden. Jener utopisch arme Kolumnist, der nur einmal im Leben dran käme, wüßte gewiß nicht, wovon er handeln sollte. Auf genau 120 Zeilen mit je 27 Anschlägen! Ach, immer schon habe ich strenge Formen geliebt – Sonette, Haikus, das gebändigte Pathos der altgriechischen Chöre –: kein Wunder, daß mich das SI-Normpapier entzückt hat. Jedem Ereignis, ob Tschernobyl ob Samichlaus, mußte ich mit genau gleich vielen Buchstaben beizukommen versuchen.*

Natürlich habe ich auf manche Leser wie der Mann vom Mond gewirkt. Aber ich mag den Mond, man hat einen guten Überblick von dort. Man sieht, daß die Erde hauptsächlich aus Salzwasser besteht und daß wir Menschen keine Delphine sind.

Wenn ich meine Aufsätze heute anschaue, wundere ich mich vor allem darüber, daß in mir offenkundig ein ziemlich heftiger Moralist steckt. In der Tat regen mich jene öffentlichen Sauereien, die so häufig geworden sind, daß sie dem Normalen zum Verwechseln ähnlich sehen, noch viel mehr auf, seitdem ich sie in meiner Heimat beobachte. Zwei drei Male – etwa nach der

9

Katastrophe von Schweizerhalle – fiel es mir nicht leicht, so höflich zu bleiben wie ich mir das vorgenommen hatte.

Inzwischen scheint mir das Schwierigste überhaupt geworden zu sein, vor dem Grauen dieser Welt die Augen nicht zu verschließen und sich dennoch so etwas wie Lebensheiterkeit zu bewahren. Ich habe nicht das Gefühl, daß ich das sehr gut schaffe.

Im übrigen wollte ich nie auf das jeweils jüngste Großereignis reagieren. Ich war nie »aktuell«, und ich fühlte auch stets, daß unser Leben nicht nur aus öffentlicher Politik besteht. Zuweilen habe ich deshalb einfach eine kleine Geschichte erzählt.

November 1987

Demnächst in diesem Theater

Nun darf ich also, über lange kurze Wochen hin, eine Kolumne schreiben, *demnächst in diesem Theater*. Ich tue das natürlich gern, nur, ich weiß jetzt, beim ersten Mal, noch nicht so recht, wo anfangen. Womit. Die Welt ist groß, und es gibt so viele Wörter. Jeder und jede, dem oder der ich von meinem neuen Job erzähle, erwartet flugs und auf der Stelle etwas jeweils anderes von mir. Soll ich es also, weil ichs ja doch niemandem recht machen kann, locker angehen und zuerst ein Märchen erzählen, zum Beispiel das von Däumling, der von einer Kuh gefressen wurde (den Traum aller Schweizer)? Oder beschreibe ich gleich, volle Kraft voraus, meinen Schrecken, als ich (in der Asylantensendung des Fernsehens) sah, wie Männer und Frauen von rechtschaffenem Aussehen riesige Schweizerkreuze an den Kitteln und Blusen trugen? Als hätten nicht schon einmal andere Rechtschaffene andere Kreuze getragen, und wir erinnern uns immer noch, wenn auch immer undeutlicher, was dabei herauskam? Schreibe ich, allgemeiner, über die schweigende Mehrheit bzw. darüber, daß sie in Wirklichkeit redet und redet? Oder will ich gleich den neuen Generalstabschef am Kragen packen und ihn fragen, warum seine Armee immer weniger meine ist? Ich könnte aber auch ein Prosagedicht schreiben: ja, eine Geschichte ganz ohne Ziel und Absicht erzählen, das ist das Schönste. – Irgendwann schreibe ich auch über den Spanienkrieg (er hat in diesem Jahr ein Jubiläum, und ich frage mich, wie gern wir uns daran erinnern werden, daß wir – die meisten von uns – jene Demokratie viel lauer verteidigen wollten als dann, kurze Jahre später, unsre eigne). – Oder schreibe ich auch vom sterbenden Wald? – So viel, viel mehr, und vermutlich auch ganz anderes erwarten meine Freunde von mir, von den Freundinnen ganz zu schweigen. – Und mein Redakteur, ein knallharter Profi, hat gleich (wir kannten uns schon drei Minuten lang) einen toten aber unvergessenen Kolumnisten beschworen, Werner Wollenberger, der keine seiner zehntausend Kolumnen termingerecht abgeliefert hat (so will es das Gerücht) und ein Weltmeister im Ersinnen von Begründungen war, warum das so sein mußte. Einmal hatte der Hund das Manuskript gefressen, dann wieder das Manuskript den Hund. – Ich habe also jetzt, wo ich an der Maschine sitze, den Hund ins Kinderzimmer gesperrt. Meine Manuskripte sehen eigentlich nicht gefräßig aus. Aber man weiß ja nie, wer kennt seine eigenen Schöpfungen; ich werde sie im Auge behalten. – Die Schildkröte, eine Ausrede, die ich für später aufbewahre, hält zur Zeit ihren Winterschlaf. Frißt auch eher Tomatenstückchen. Immerhin, so viel ist richtig, war ich schon in der Schule einer, der im Schulhof noch schnell die Finger an einer Fahrradkette rieb und dann behauptete, leider habe eine unvorhersehbare Panne meine Lerngier gebremst. – O. k. Das nächste Mal fangen wir an. Um den berühmten Kalauer abzuwandeln: ich schriebe gern Kolumnen wie Groucho Marx, wenn ich mir sicher wäre, daß ich Leser wie Karl habe. Vielleicht also schreibe ich zuweilen doch eher wie Karl. Bedenken Sie dann, bevor Sie diese Seiten Ihrem Hund zum Fressen geben, daß das ein Kompliment an Sie ist: Leser wie Groucho hätte ich nämlich außerordentlich gern.

6. 1. 1986

Das Kreuz der Schweizer

Tatsächlich, die Kreuze auf den Kitteln und Blusen der Herren und Damen der Nationalen Aktion lassen mich nicht los. Ich weiß nicht, wie oft sie sie tragen – ob nur damals an jener Fernsehsendung über unsre Asylpolitik oder auch an ihren Jogginganzügen und Nachthemden. Ich habe jedenfalls sogar von ihnen geträumt, von diesen riesigen Erstaugustabzeichen. Früher hatten die Tschütteler so ähnliche auf ihren Heldenbrüsten. Die Schuld holt das unschuldigste Ding ein. Dabei bin auch ich einer, der gern Flagge zeigt. Muß ich bald, Heimatliebe hin oder her, mein aufrechtes Fähnlein von seiner Stange herunterholen?

Zugegeben: ich möchte nicht in Frau Kopps[1] Haut stecken – abgesehen davon, daß ich den Verdacht nicht loswerde, daß da längst ein anderer steckt: irgend ein beinharter Bursche, der aus der zarten Elisabeth einen rabauzigen Mann im Frauenpelz gemacht hat. Ich beneide auch die Beamten nicht, die vor ihren Papierstapeln sitzen, jedes Dossier ein Mensch. Ich käme, an ihrer Stelle, mit meiner Schreibtischmenschlichkeit gewiß nur allzu schnell ins Schleudern.

[1] Erste Schweizer Bundesrätin, seit dem 1. 1. 1985. Vorsteherin des Justiz- und Polizeidepartements, zuständig für Asylwesen

Ich weiß auch, daß die Kopp ein uraltes Schweizer Geschlecht sind. Aber auch die Widmer sind nicht von Pappe! Wir hatten den Stier im Dorf! Trotzdem aber stammt einer meiner Großväter aus Villa di Tirano, eine Oma aus Ulm, und ein Urgroßvater aus Tanger. Und ich wette eine große Toblerone, daß auch die Wurzeln von Frau Kopps Stammbaum aus den Wiesen und Matten von Zumikon herauswuchern. Bei Morgarten waren unsre Ahnen jedenfalls bei denen, die im See vergurgelten. Die Schweizer hießen damals anders, Melchthal und so.

Im letzten Jahrhundert noch hat der Hunger *uns* in fremde Länder getrieben. Wir haben ihn nicht vergessen: sogar die Bankdirektoren chrampfen heute noch so als sei ihre Bank eine leere Scheuer. Vergessen aber haben wir, daß uns der Hunger einst auch gut getan hat. *Ein* Kind konnte der Hof ernähren, die andern wanderten aus und wurden Zuckerbäcker oder Rinderzüchter. Alt geworden, kamen sie zurück. Bauten im Dorf ein Haus (eins wie in Cornwall oder Montevideo) und erzählten den Zurückgebliebenen vom Leben anderswo. So kam die Toleranz ins Land, die es heut wieder verläßt. Denn wir wollen überhaupt nicht mehr ins Ausland (ja, doch, Ferien machen wir). Hocken da als brennten jenseits der Grenzen Höllenflammen. Das heißt, an vielen Orten brennen sie ja tatsächlich. Und wir halten uns immer noch darüber auf, daß sich anderswo irgendwer den Hintern mit der Hand putzt.

Ich bin immer noch ratlos. Aber wie wäre es, wenn

uns unsre Justizministerin zu erkennen gäbe, daß in ihrem Busen kein steinernes Kreuz wuchert? Wir selber sind unser größtes Problem: müssen lernen, uns von uns abzugrenzen; nicht stets nur von andern. – Es gibt im übrigen ja auch so etwas wie ein Asyl auf Zeit. Wer wollte nicht, wenn ihm die Umstände das erlauben, in seine Heimat zurück? – Ich möchte jedenfalls, falls die Weltgeschichte einmal einen unerwarteten Sprung tut, nicht unsre Gesichter sehen, die von Elisabeth Kopp und mir, wenn wir Hand in Hand im Tropenregen stehen und einem Beamten auf schwyzerdütsch erklären, daß wir Verfolgte sind, ich weiß nicht von wem verfolgte, vielleicht von solchen mit Kreuzen auf den Brüsten.

13. 1. 1986

Eine Armee durch dick und dünn?

Friedrich Dürrenmatt, unser Dichter, und Eugen Lüthy, unser Generalstabschef, schätzen beide, wenn ich
der Presse trauen darf, »einen guten Tropfen« – sonst
aber scheinen sie sich nicht sonderlich zu gleichen. Dürrenmatt ist dick und Lüthy dünn, und der Dicke will die
Armee abschaffen, die der Dünne so sehr liebt. Ich verstehe den alten Fritz ja auch, er gibt, obwohl er nicht
mehr so horizontfüllend wie einst ist, ein bedrohlich gutes Ziel ab, und er weiß, daß in den letzten zehn Kriegen
mehr Dichter als Generalstäbler ermordet worden sind.
Das liegt im Wesen der Kriege, mindestens derer, die
man konventionelle nennt. Da müssen irgendwelche an
die Front – Sie und ich –, und die, die sie führen, müssen
vor ihren Folgen geschützt werden. Allerdings gibt es
inzwischen die Möglichkeit anderer, unkonventionelle-
rer Kriege. Irgend etwas kommt geflogen, und bumm.
Seit das so ist, stimmen uns manche Politiker und einige
Militärs auch schon darauf ein, daß wir geradezu begeistert aufatmen sollen, wenn ein nächster Krieg dann
doch nur einer wie der von 1939 bis 1945 ist. Ein norma-
ler mit einer Front und einem Generalstab in einem Felsen hinter Thun.

Wenn Eugen Lüthy seinen Einfall mit der Einsatztruppe nicht gehabt und herumerzählt hätte, hätte ich seine Berufung gewiß mehr oder weniger desinteressiert zur Kenntnis genommen. Einer ist ja immer der Chef, und ich habe Gamelle und Gewehr sowieso abgegeben und darf am 11. August zum ersten Mal in den Zivilschutz. Aber Eugen Lüthy *hat* gesagt, daß, wenn es nach ihm geht, einige von uns – wieviele eigentlich? – ihren Dienst auf einen Chlapf leisten können oder sollen, um »einen ständig im Einsatz stehenden Verband zu bilden«.

Sein Plan – so las ichs wenigstens in einigen Kommentaren – hat mit der *Vorwarnzeit* zu tun, und damit, daß es mit ihr immer schlimmer wird. Diese Vorwarnzeit ist ein aus dem Atomraketendenken stammender Begriff, der im Munde mancher Offiziere und Politiker so tut, als hätten ihn die Eidgenossen schon bei Sempach ganz selbstverständlich gebraucht. Tatsächlich konnten wir damals wochenlang zuschauen, wie sich die österreichischen Ritter ihre Rüstungen umbanden, und uns in Reih und Glied aufstellen. Heute geht so ein Angriff ruck zuck. Alles liegt in Schutt und Asche bevor wir den Marschbefehl zu Ende gelesen haben.

Jedenfalls: plötzlich hätten wir (wir?) eine sozusagen handverlesene Elitetruppe. Wären in ihr Menschen wie Sie und ich? Wiese auch diese Truppe jenes Gemisch aus Eifrigen und Widerstrebenden auf, das einen Wiederholungskurs erträglich macht, weil es etwas mit unserm wirklichen Leben zu tun hat? Wird diese »Einsatztruppe« (Freiwillige!) nicht viel eher »zuverlässig« sein müssen, militärisch *und* politisch? – Im übrigen hat

Eugen Lüthy über das *Ziel* der Einsätze nichts gesagt. Und in der Tat: wie sollen die paar hundert Soldaten einen Feind, falls der wider Erwarten doch nicht geflogen kommt, bei Schaffhausen oder Vallorbe abfangen? Findet nicht, umgekehrt, jede Truppe, wenn es sie einmal gibt, ihren Einsatz?

Anders als Friedrich Dürrenmatt, der die Armee abschaffen will, schwärmte ich, als ich noch im Ausland lebte, meinen Freunden vor, daß bei uns der Bankdirektor zusammen mit dem Büezer etc. Ich wußte schon damals, daß es nicht stimmte, die Geschichte war halt so schön und ideal. Nein, kein Bankdirektor bleibt Soldat, allein schon nur, weil keiner, der Soldat geblieben ist, Bankdirektor wird. Abteilungsleiter bei einer Versicherung. Ach. Die Demokratie ist doch so herrlich, weil sie die einzige Staatsform ist, die sich auch klein zeigen darf. Schwach. Wenn sie eine Armee hat, die sich bläht und bläht und bläht, könnte eines Tags der Widerspruch zwischen dem Kleinen und dem Geblähten so unausweichlich sein, daß einer nachgeben muß, die Armee oder die Demokratie.

20. I. 1986

Eine Geschichte aus New York

Auch ich war schon in New York. Wie alle Schweizer Künstler fahre ich nach New York, wenn ich die Enge hier nicht mehr aushalte. Ich bleibe dann, bis mir die Weite dort zu viel wird. Fahre völlig panisch zurück. Und immer so weiter, hin und her. Das heißt, so könnte ich leben, wenn ich leben könnte wie viele andre leben. In Wirklichkeit war ich erst ein einziges Mal in jener Höllenstadt.

Und dort ging ich – eben damals, bei meinem einzigen Besuch – mit einem Freund und einer Freundin – zwei Deutschen – ins Kino. Nachher beratschlagten wir eine Weile lang, wohin wir gehen sollten, und die ganze Zeit hörte uns ein älteres Paar in seltsamer Verzückung zu. Schließlich faßte sich die Frau ein Herz und sagte, eine Ewigkeit hätten sie kein Deutsch mehr gehört, sie seien nämlich Deutsche, sie lebten nun schon lange hier, ob sie uns zu einem Aperitif einladen dürften? Wir gingen mit, ohne uns zu beratschlagen. Noch nie hätten sie jemanden eingeladen, sagte die Frau immer wieder. Ein Apartmenthaus, das nur halbwegs heruntergekommen war. In irgendeinem obern Stock eine Tür mit komplizierten Schlössern, die die Frau umständlich aufbrach. Endlich waren wir drin, in einem Wohnzimmer, in dem über allen Möbeln Plastikbahnen lagen. Hastig machte die Frau (der Mann stand) drei Sessel frei; rannte dann laut redend durch die ganze Wohnung und rief, daß da eine Flasche Cinzano sein müsse, vor ein paar Jahren erst habe sie sie irgendwo hingetan. Der Mann lächelte nun sogar, sanft, nicht von dieser Welt. Wir saßen, verblüfft und unbehaglich, aber ohne Angst, *gefährlich* schienen die beiden nicht. – Tatsächlich fand die Frau den Cinzano. Noch nie habe sie jemanden eingeladen, rief sie, und endlich verstand ich, sie meinte *Noch nie*. Es sei so schön, wieder Deutsch zu hören, die Sprache ihrer Jugend. Auch der Mann taute nun auf, er war Arzt, zeig ihnen doch die Praxis, sagte die Frau, los, zeig sie ihnen, das interessiert sie, das interessiert Sie doch?! – Wir sahen uns also das Wartezimmer an, das Behandlungszimmer. Seine Diplome von irgendeiner deutschen Universität (Breslau?); Stethoskope und ähnliches. Ich brauchte eine Weile, bis ich mir mein immer größer werdendes Entsetzen erklären konnte: nie war ein einziger Patient in diese Praxis gekommen, in all den Jahren. Totenträume, die so taten als ob. Vor Jahren hatte der Arzt vielleicht selber noch getan als ob, gewartet auf ein Klingeln an der Tür. Jetzt tat er als ob, weil seine Frau als ob tat. – Jetzt sah ich den Staub auf allem. – Der Arzt kramte inzwischen in einer alten Zigarrenkiste und holte Fotos heraus. Junge Menschen, verblaßt. – Wir verließen das Haus so schnell und so höflich wie wir es konnten. Danach saßen wir irgendwo und sprachen bald von etwas anderem, so wie ich bis heute von etwas anderem gesprochen habe und nicht von diesen beiden Juden, die lebendig tot in New York begraben leben oder lebten.

Ich habe eigentlich nie gedacht, daß ich ihretwegen nie mehr in jene Monsterstadt gefahren bin. Aber jetzt, wo ich Ihnen diese Geschichte erzähle, kommt es mir fast ein bißchen so vor.

27. 1. 1986

$, £, SFr und der Sport

Als ich ein Bub war, habe ich eigenhändig geschuttet. Ich erinnere mich genau an das Gefühl, das mich beseelte, wenn ich wie ein Windsbräutigam über das ganze Feld gerannt war und dann den Ball nicht bekommen hatte. Seither verstehe ich jeden, der nur zusehen will. Ich mache inzwischen auch nicht mehr *alles* selber. Habe vor allem wegen dem lieben Sport einen Fernseher und schaue zu, wie andere rennen. Sowieso, wenn ich den Tag über unter Schmerzen Herrliches aus mir herausgegrübelt habe, *muß* ich abends zuweilen dumm und blöd sein dürfen. Glotzen. Ich kann nicht *immer* ein Eigener sein.

Zuschausport ist ja auch sehr schön. Nur merke ich mehr und mehr, daß ich, seitdem ich den Sport passiv in mich einsickern lasse, kaum noch die Sport*arten* auseinanderhalten kann; von den Gesichtern und Namen der Sportler ganz zu schweigen. Allen steht *Mobil* oder *Kreditanstalt* auf Stirn oder Brust geschrieben. Alle sind bierernst.

Als ich jener Bub war, hießen die Sportler Ferdi und Seppe und rochen sogar durch den Radioapparat hindurch nach Schweiß. Wenn sie keuchend vor dem Mikro standen, grüßten sie ihr liebes Mami in Adliswil oder

Kleinhüningen. Sie hatten nicht nur gewonnen, sie waren auch rührend; fast lächerlich. Ich liebte sie.

Aber wie soll ich die Sieger von heute lieben? Sie kennen keinen Schmerz und müssen gewiß nicht einmal mehr aufs Klo. Die Verlierer sind sowieso der Abfall, der nach der Sendung weggeputzt wird. Riechen tut keiner.

Der Sport ist eine Arbeit geworden, unübersehbar. Von mir aus. Aber warum eigentlich soll ich auch noch der Arbeit von andern zusehen? Es sitzt doch auch niemand am Fernseher und schaut mir zu, wie ich eine Kolumne schreibe. Ferdi und Seppe, früher, taten nicht das gleiche wie ich, sie taten etwas *anderes*. Fuhren mit dem Velo 50 Mal um den Häuserblock herum. Gratis! Verrückt!

Droht nicht eigentlich die ganze Freizeit zur Arbeit zu verkommen? Und gleicht umgekehrt die Arbeit nicht mehr und mehr der Freizeit? Geh mit deinem Chef joggen: läufst du langsamer als er, macht er sich über dich Gedanken. Läufst du schneller, über sich. Flotte Konzernherren sitzen in Adidas-Schuhen an der Bar des *Danieli* und legen dem Präsidenten der Notenbank nahe, die Geldmenge zu erhöhen.

Es ist aus mit den proletarischen Massen. Sogar in den Fußballstadien wirken sie immer anachronistischer. Wie viel mehr beim Tennis! Dort sind schon jetzt die, die ihren Wert im Maßstab 1:1 am verdienten Geld messen. Blitzsaubere junge Menschen. Wahrscheinlich erregt es sie wirklich zutiefst, daß jeder *long-line*-Schlag $ 4721 wert ist.

Kürzlich saß ich im Wirtshaus neben einem netten Mann, und wir sprachen vom Sport, und ich erzählte ihm, in Afrika gebe es tollkühne Männer, die sich an langen Seilen in einen Abgrund stürzten und wenige Zentimeter über dem Felsboden auspendelten. Na schön, sagte er, ist wohl ganz mutig. Aber was soll mich das interessieren? Es geht doch um nichts in so einem Sport, oder?

3. 2. 1986

Das Gleiche und das Neue

Alles in allem scheint es zwei Arten zu geben, das eigene Leben zu spüren: entweder wir erleben es als eine Folge unausweichlicher Wiederholungen, oder wir erwarten zu jeder Sekunde das jäh Andere. Den herrlichen Schock oder die Katastrophe, je nachdem.

Vieles legt uns nahe, das Leben (und mit ihm das Leben unsres Planeten, des ganzen Sonnensystems) als eine Wiederholungskette zu verstehen. Darwin! Kopernikus! Die Gesetze der Mathematik! Die Mythen! Die Geschichte von Ödipus wird heute noch erzählt, weil wir Ödipus *sind*. Jeder Bub erzählt sie einmal (was, einmal! hundertmal) ganz neu ganz erregt seiner Mama. Tatsächlich wiederholen wir alle ganz unübersehbar Tag für Tag uralte Lebensmuster. Kein Fettnapf des eigenen Gesetzes, in den wir nicht täglich träten.

Andrerseits, wenn wir ein Saurier gewesen wären, und jener Meteor wäre uns auf den Kopf gefallen: wir würden nicht sehr ans Gesetz des ewig Gleichen glauben. Es gibt Wissenschaftler, der amerikanische Russe Immanuel Velikowsky allen voran, die erklären die Erdgeschichte nahezu ausschließlich aus Katastrophen. Die Erde drehte sich einst anders herum! Feuer regnete vom Himmel! Die Planeten zogen auf anderen Bahnen!

Ich neige der Katastrophentheorie zu. Das herrlich Andere *erhoffe* ich, erwarte es aber nicht. Wie schön ist das Glück! Aber dieses Etwas tief innen in mir drin, diese wortlose überzeugungsstarke Kraft, die eher mich beherrscht als ich sie, erwartet die Katastrophe, vermutlich allein deshalb schon, weil am Ende *jeden* Lebens der Tod steht.

Natürlich versuche auch ich, das Gesetz *meiner* Wiederholungen lieb zu haben; es wäre sonst nicht auszuhalten, und zuweilen schmelzen die Dämonen ja wirklich besiegt dahin, wenn ich ihnen zärtlich in die Augen schaue. Sonst aber (hinter meinen Ritualen der Wiederholung verschanzt) denke ich, daß *nichts* je das Gleiche ist: das Innen nicht (dieses Zellensterben), nicht das Außen. Nadeln regnen von Tannen, *eine* genügt für die Veränderung des Ganzen. Beharren wir, durchaus leidend, so heftig auf dem Gesetz der Wiederholung, weil das, was es verdeckt, viel entsetzlicher wäre? Vielleicht ist das vermeintlich öde Gleiche leichter auszuhalten als das immer jähe Nie mehr, das die Wirklichkeit ist. Mit irrer Kraft und wahnwitzigem Verleugnungswillen reden wir uns Kontinuität ein. Diese Panik, wenn einmal etwas anders wird! Wenn der 7 Uhr 15 Bus plötzlich um 7 Uhr 16 fährt. Je näher die Katastrophe scheint (je weniger Kontinuität wir fühlen), desto mehr sehnen wir uns nach Gesetzen. Immer wenn wieder ein Noah an einem zukünftigen Ufer Bäume zersägt (tief im Tal unten nur ein schmales Rinnsal; der Himmel mit Schäfchenwölkchen), schauen wir auch nach einem neuen

Moses aus, der uns alte Gesetzestafeln vorhielte. – Täter sein. Es beruhigt, zu handeln, und seis an den Marionettenfäden des Gesetzes hängend: des innern oder des äußern. Wissend ein Opfer sein, wer hält das aus. So bejaht jeder so lange seinen Untergang, als er ihn selber herbeiführen kann. Ein letzter Triumph des vermeintlich freien Willens.

10. 2. 1986

Das Märchen der Schweizer

Wir Eidgenossen haben unsre Sage, die jeder kennt und
fast jeder schätzt (ich meine den Wilhelm Tell). Wir haben aber auch ein uns bestimmtes Märchen. Es steht bei
den Gebrüdern Grimm. Es ist ein nicht sehr heroisches
Märchen und beschreibt ein paar unsrer kollektiven
Ängste und eine Hoffnung. Ich meine das Märchen vom
Däumling.

Erinnern Sie sich? Däumling ist klitzeklein, und alles
um ihn herum ist riesig gewaltig und bedroht ihn. Einmal will ihn ein Fuchs fressen, und er muß ihm, schon
zwischen den Zähnen sitzend, jede Menge Hühner versprechen, die ihm aber überhaupt nicht gehören. Einmal
räumt er, um sich mit Räubern gut zu stellen, für diese
die Schatzkammer eines fremden Herrschers leer. Einmal hüpft er panisch auf dem Brett eines Metzgers hin
und her, dessen Beil immer dahin fällt, wo er gerade eben
noch war. Er hat ein hektisches Leben.

Zum Schluß wird er von einer Kuh gefressen. Zwar
schildern die grimmigen Gebrüder das auch so, als sei es
eine weitere Katastrophe. Aber sie waren ja keine
Schweizer und kannten sich mit Rindviechern nicht aus.
Für Däumling (einer von uns: klein aber feig) war die
Kuh das *Ziel.* Zwar soll er, kaum verschluckt, *Laßt mich*

raus! gerufen haben: aber das Alemannisch der Philologenbrüder war gewiß auch nicht besser als das Goethes, der einige Jahre vorher mit seinem Schweizerlied (»Uf em Bergli bin i gesässe«) auch schon keinen einzigen Fettnapf ausgelassen hatte. Wieso eigentlich sollte Däumling wieder hinaus? Dahin wo ihn die andern zertraten?

Ich habe sowieso den Verdacht, daß die *Kühe* einst über unser Land herrschten; nicht wir. Singend schwebten sie den Klüften entlang, sich in den Wassern spiegelnd, Nahrung aus der Luft saugend. In den dunklen Tälern ging der Mensch, der in Felle gekleidete. Er konnte *nicht* fliegen, *nicht* singen und *nicht* saugen: nichts konnte er. – Später dann, ein Ureidgenosse, erschlug mit seiner Keule, jäh um eine Felsecke biegend, in einem Hochtal eine erste Kuh. – Nun sagten neue Sagen dem Menschen, daß er über die herrlichen Tiere Herr werden würde. Er, der Eidgenosse, sänge bald, schwebe eines Tags und sauge gar Nahrung aus der Luft.

So kam es, so ähnlich. Von den Herrschaftszeiten der Kühe zeugen nur noch verschüttete Geschichten. Wir haben uns die Kühe untertan gemacht. – Aber seither verbergen sie ihre Weisheit vor uns! Glotzen! Und wir fallen drauf herein und denken: dumme Kühe. – Die Frauen allerdings, die uns in die eisigen Höhen gefolgt sind, haben von ihnen gelernt. Blicken gleich. Geben Milch. Lieben wie sie. – Das löst Wutanfälle aus, die jeder Mann kennt und die sich keiner erklären will. Kochend vor Mord gehen wir in den Stall und schlagen den

Hund tot oder hängen uns am Laternenhaken auf. Abends, falls wir uns für den Hund entschieden haben, ertragen wir das Muhen unsrer Frauen fast wieder gut.

Hie und da genügt mir schon ein viel kleinerer Traum: ich nehme die Dolderbahn und fahre bis zu den Kühen auf dem Adlisberg, klettere über den Zaun und grase mit ihnen, grase und grase, bis wir uns so gleichen, daß die Leser, die vorbeigehen, die Kühe grüßen, und der Bauer mich melkt.

17. 2. 1986

Niemals vergessen

1956, vor dreißig Jahren, marschierten russische Truppen in Budapest ein. Ich war 18 und erinnere mich gut: weinende Frauen gingen Soldaten entgegen, und Männer warfen brennende Benzinflaschen auf Panzer. – Mit diesen Bildern in der Hand ermahnte mich mein Onkel, den Zahnarzt zu wechseln, weil er in der Partei der Arbeit war. – Ich weiß nicht mehr, ob ich es tat; ich glaube eher, ich kriegte kein Zahnweh mehr. – Unversehens, ohne daß ich es recht merkte, verschwanden Menschen, die ich eigentlich ganz gut kannte, aus meinem Gesichtskreis. Als hätten sie eine ansteckende Krankheit.

Natürlich *war* Budapest eine Tragödie, für die Ungarn. Es war aber auch eine für uns. Nämlich, als stünden die russischen Panzer bereits in Zürich, stürzten sich gerade eben noch brave Schweizer in jäh aufbrechender Einigkeit auf andere Schweizer, die nichts getan, jedoch eine abweichende politische Meinung hatten. Hetzten sie regelrecht, warfen ihnen Steine nach. Geschäftsleute verkauften ihnen nichts mehr, Fenster gingen zu Bruch. Bücher wurden auf die Straße gekippt und verbrannt. Mittelschüler, von Lehrern beraten, schrien *Mörder* und *Aufhängen*. Nachbarn denunzierten Besucher. Viele verloren ihre Arbeit. Gutbürgerliche Zeitungen veröffentlichten Artikel, derentwegen die Druckerschwärze hätte schamrot werden müssen. Bürgerliche Kinder durften nicht mehr mit linken Kindern spielen. Undsoweiter undsofort. Es gab einige schreckliche Monate lang nur noch *eine* Meinung. Weh dem, der sie nicht teilte.

Natürlich hat sich die Hysterie von damals gelegt. Der kalte Krieg macht uns heute anders frieren. Sogar ein leibhaftiger Kommunist läßt uns nicht mehr entsetzt in Ohnmacht fallen. Trotzdem aber, fürchte ich, spüren wir immer weniger, daß unsre Demokratie tot ist, schrecklich tot, wenn sie nicht ein Kompromiß aus allen, auch den extremen Meinungen ist. Aus den sechs Millionen eigenen, verschiedenen, autonomen Gedanken von uns allen.

Denn inzwischen soll (eine Spätfolge von 1956?) der Kompromiß in jedem von uns drin stattfinden. Tag für Tag erfahren wir, wie schwer es ist, sich dem Druck zu entziehen, das Gleiche wie alle denken zu müssen. *Wir* sollen ausgewogen sein, nicht der Staat! In jedes Gopferdammi muß ein Lobe den Herrn hineingemischt sein. Heilandssack! Als Gott Mann und Frau schuf, schuf er sie ausgewogen? Nein. Er knetete den Mann konvex und die Frau konkav. Halleluja!

1956 hat kein Trauma hinterlassen. Im Gegenteil. Überall funkeln die guten Gewissen. Es ist ja auch lange her, und nicht mehr sonderlich sinnvoll, darüber nachzudenken, ob die, die die Einheitsgesinnung am lautesten vertraten und dafür mit Karrieresprüngen belohnt wurden, in die Hölle kommen oder nicht. Vielleicht gibt es ja wirklich keine Hölle, oder sie ist in der Tat schon das, was wir täglich leben. Es gab damals eine Aktion, die *Niemals vergessen* hieß. Ich weiß, was sie nicht vergessen wollte. Es war *nicht*, daß Schweizer andere Schweizer verfolgen konnten und daß keinem in seinem frisch erwachten Rufst-du-mein-Vaterland-Brio dämmerte, wie sehr er jenen Nazis zu gleichen begann, die er vermutlich noch wenige Jahre früher verabscheut hatte.

24. 2. 1986

Arme Sehnsucht! Arme Wut!

Im Mittelalter zogen Millionen dem Hundsstern nach, sie wollten (und kamen zuweilen) nach Santiago de Compostela, das unfaßbar weit im Abendlicht lag. Die gläubige Reise dauerte oft Jahre, und für viele war sie die letzte. Was fühlten jene kühnen demütigen Pilger, wenn sie dann ganz wirklich am Ufer jenes Meers standen? (Jenseits dessen ihre Enkel schon Indien suchten und Amerika fanden.) Waren sie erfüllt oder enttäuscht? – In jenem Amerika, als es entdeckt war, gierten wieder andere nach dem Gold Eldorados und kriegten es auch, allerdings nicht das mit ihm verheißene Glück. – Dann kam Afrika dran (»Doctor Livingstone, I presume«), und bald darauf brachen vermummte Helden sogar zu den schneeumheulten Polen auf, starrten auf dem Hinweg auf die Kompaßnadel und aßen auf dem Rückweg einen Hund nach dem andern. – Noch unsre Väter machten, völlig ahnungslos, im Lötschental Erstbegehungen. – Ja, bis vor kurzem gab es so viele weiße Flecke auf so vielen Landkarten, daß die Sehnsüchte derer, die zu Hause aus den Nähten platzten, alle ihren Raum fanden. Man mußte ihn nur suchen. Die Sehnsucht war ein Längenmaß. Den meisten unsrer Ahnen reichte durchaus eine Besteigung des Pilatus (mit Leitern! langen

Stangen! die Frauen mit Röcken wie Fallschirme!).
Einige besonders Sehnsuchtgeplagte aber brauchten
mehr Auslauf. Fanden ihn. Saßen (das war ihr Risiko)
zuweilen plötzlich predigend im Topf eines Kannibalen, aber dann kam es halt drauf an, wer schneller
weichgekocht war, der hitzige Europäer oder der ver-
stockte Heide.

Auch die Zwillingsschwester der Sehnsucht, die
Wut, fand überall ihren Platz, sich auszutoben. Sowieso brachen die beiden Schwestern meist Hand in
Hand auf. Brave Bauern aus dem Emmental fällten
ganze Urwälder mit Handkantenschlägen! Missio-
narsgattinnen aus Basel bissen Klapperschlangen tot!
Sogar die kleine blöde Cousine von Sehnsucht und
Wut, das Vorurteil, hatte es bis in unser Jahrhundert
hinein gut. Es blieb stets da wo es gerade war und
fühlte sich wohl. Völlig unschuldig waren noch unsre
Großväter davon überzeugt, daß alle Neger stanken
und daß die Chinesen sich ständig köpften für nichts
und wieder nichts.

Heute! *Wir* sind schon überall gewesen bevor wir
auch nur irgendwo angekommen sind. Jeder kennt
einen aus Nairobi oder Tokio. Alle Landkarten sind
mit Höhenkurven versehen bis in die tiefsten Ozeane
hinab. Unversehens sind Sehnsucht und Wut etwas
geworden, was keinen realen Ort mehr auf dieser Erde
finden kann. Unerlöst in uns herumrotiert. Sogar das
blasse Vorurteil! Kaum schimpfe ich, sagen wir, über
die Eskimos (nämlich, sie brunzen sich über die

Köpfe, wenn ihnen die Haare ausfallen), klingelt es, und da steht einer, und ist sehr nett, und will meine Tochter heiraten.

Kürzlich machte ich mich nochmals mit ein paar sich sehnenden wütenden Freunden und Freundinnen auf den Weg nach Santiago de Compostela, in einem letzten verzweifelten Versuch, das, was zum Drinbleiben verurteilt scheint, nach außen zu stülpen. Auf den Knien rutschen wir schimpfend der Autobahn entlang. In der Gegend von Schlieren kamen uns die beiden Ameisen in den Sinn, die einst nach Amerika gewollt hatten, und wie sie verzichteten wir weise auf den Rest der Reise.

3. 3. 1986

Lechts und rinks

Lechts und rinks lassen sich, einem eher neuen Sprichwort zufolge, nicht verwechseln. Es gibt die ehemals so klaren Unterschiede (zwei rechts zwei links) nur noch beim Stricken.

»Rechts« und »Links« sind durcheinander geraten. Eine intakte Natur etwa war einst ein konservatives Ziel (als die Konservativen noch Platz genug hatten, *neben* ihren Hainen und Auen eine Fabrik hinzustellen). Die Sozis dafür (als Einsachtzig in der Stunde noch eine Lebenserfüllung waren) warben mit rauchenden Fabrikschloten! – Heute sprechen die Fabrikherren von Solidarität, wenn sie wollen, daß ihre Untergebenen spuren. Die Sozis, wenn auch nicht alle, kennen sich mit Bilanzen durchaus aus. Alle (nur die Skinheads nicht, und nicht die Verzweifelten unter den Jugendlichen) lächeln, und das Kapital ladet zum Bade: bei dem zuweilen ein paar von uns ertrinken, wenn der Gastgeber mitten im Freizeitplausch eine Beute wittert und dann leider auf seine im Pool pflotschenden Gäste keine Rücksicht mehr nehmen kann. Pech für sie. Was wohnen sie auch, nur zum Beispiel, in Häusern, die eine unzumutbar schlechte Quadratmeterrendite haben und also sofort abgerissen werden müssen.

Und trotzdem wählen wir immer wieder gerade die. Halb zieht es uns, halb sinken wir hin: als gehorchten wir einem Naturgesetz. Wir klammern uns stets erneut an die Vertreter von denen, die arbeiten *lassen*: uns und ihr Geld. Wir scheinen sie zu brauchen. Wir *wollen* sie ganz offenkundig vor oder über oder in uns haben, diese Starken und Sicheren und Geordneten. Papa und Mama? Die uns jedenfalls sagen, daß es so ist, wie es ist; und daß es so bleibt. Es ist offensichtlich entlastend, bei ihnen zu sein: bei den Siegern. Fast können wir uns selber als Mächtige fühlen. Das Geheimnis ihrer Banken wird beinah unsres. Ihre Siege, die in der Schweiz stets Wirtschaftssiege sind, verwandeln sich in unsre.

So gesehen, schauen die, die sich selber als Schwache erkannt haben und der eignen und anderer Schwäche ein bißchen abhelfen wollen, ganz schön blöd aus. Wer ist schon gern schwach bzw. wer ist so stark, daß es ihm gelingt, seine Schwäche auszuhalten?

Plötzlich aber, wiederum nur zum Beispiel, wird im fernen Nicaragua einer von uns ermordet (kein klassischer Linker, eher ein klassischer Christ). So eine Geschichte (ein Lastwagen voller Frauen und Kinder in die Luft gesprengt) erzählt natürlich vieles vom schwierigen Alltag dort, jäh, und gewiß erschrecken wir alle. – Und natürlich reagieren wir nun nicht alle gleich: aber wenden sich nicht viele, gerade *weil* ihr Herz zittert, möglichst schnell wieder einem zu, der die Welt im Griff zu haben scheint? Besonders, wenn sich dieser Griff um ganz andere Hälse als die unsern legt?

Oder ist alles nochmals anders? Magischer? Vielleicht glauben wir längst nicht mehr an einen lieben Gott (auch nicht an keinen), sondern erneut an den alten, archaisch bösen Himmelsdämon, der menschenfressend seine Opferrate eintreibt. Die Geschichte beweist es doch! *Immer* gab es Opfer, und das Problem ist also, nicht zu ihnen zu gehören. Vielleicht sind wir längst *dankbar*, nicht entsetzt, daß woanders so viel Schreckliches geschieht: genug, die Aufmerksamkeit jenes Ungeheuers zu fesseln. Nur nichts tun, was seinen Blick auf uns ziehen könnte.

10. 3. 1986

Was ich gerade schreibe

Gabriel García Márquez, der kolumbische Dichter, antwortete, als er einmal gefragt wurde, was er denn gerade schreibe: ein Buch über einen Bauern, der eines Tags ein Fahrrad finde und so lange einen Berg hinauf und hinunter fahre bis dieser flach geworden sei. – Es ist unmöglich, über ein Buch Auskunft zu geben, das nicht fertig ist. »Was schreiben Sie denn gerade?« Alles, was öffentlich gesagt wird, gerinnt zu etwas Endgültigem. Dabei ist ein erst im Kopf geschriebenes Buch zwar ein wundervoller eigener Kosmos, mit Figuren, die sich unerwartet breit machen oder jäh sterben, aber gleichzeitig auch etwas sehr Zartes und Verletzliches. Und *eine* Hoffnung während des Schreibens ist ja auch, daß der Held (jener, dem man am meisten von sich selbst mitgibt), von Anfang an todgeweiht, am Schluß doch noch überleben könnte. – Ich sage das, weil ich an einem Buch sitze, das noch längst nicht fertig ist und keinen Wank tut, es zu werden. Habe deshalb wohl mehr und mehr den Trieb zu erklären, was ich (wenn ich nicht über einer Kolumne brüte) sonst noch arbeite den lieben langen Tag lang. – Ich dachte eine Weile, o. k., ich erzähle einfach ein Stück von meiner Geschichte, zum Beispiel das Kapitel 14, wo mein Held bei der Schweizer Armee ist und so einiges erlebt. Aber eben: ich kann das meinem Gusti nicht antun (so heißt er). Manchmal ist es einfacher, ein neues Kind zu machen als ein altes so herauszuputzen, daß es öffentlich herzeigbar ist.

Jedes meiner bisherigen Bücher hatte schon die Neigung, ein Echo eines älteren fernen Buchs zu sein. Eine Art heimliche Antwort. Diesmal denke ich an ein Buch von Mercè Rodoreda, das *Der zerbrochene Spiegel* heißt. Darin stürzt sich ein junges Mädchen aus einem Fenster. – Als ich ein kleines Kind war, ging ich an der Hand unsres Dienstmädchens (das hatten wir damals) zum Wasserturm spazieren, wie so oft, und da war ein Menschenauflauf, und obwohl mir Simone, das Dienstmädchen, zu verbergen suchte, was geschehen war (sie war viel zu neugierig, gleich rechtsumkehrt zu machen), sah ich einen gewaltigen roten Fleck im Sand. Blut. Ein junges Mädchen war in den Tod gesprungen, eine junge Frau. – Ich stand dann oft auf diesem Turm und sah hinunter. – Simone war rothaarig und hatte ein Fliehkinn und sprach französisch und roch nach etwas und mochte Lebertran. Sie hat mein Frauenbild geprägt. Nur die Liebe zu Lebertran macht mich bei Frauen inzwischen eher mißtrauisch. Sonst aber, wenn ich auf mein Urbild der Frau stoße! – Bei Büchern geht es mir nicht viel anders, inklusive meinen eignen. Ist nicht das Geheimnis, das hinter einer Erzählung steht, viel aufregender als die manifeste Story selbst?

Ach was. Ich erzähle Ihnen doch ein Kapitel aus meinem Buch, und zwar das fünfte, in dem sich Gabriel García Márquez, der kolumbische Radchampion, zum ersten Mal nach Europa wagt, an die Tour de Suisse, wegen den Bergen. Da sieht er sich der ganzen kläffenden Meute von Rollern und Sprintern gegenüber. Sie schüchtern ihn so ein, daß er über viele Tage nicht anzugreifen wagt. Aber in der zweitletzten Etappe will ihn ein kleiner Hund, der im Emmental aus einer Beiz getrottet kommt und die Radler für eine Herde Briefträger hält, ins Bein beißen, und García Márquez, der eine panische Angst vor Hunden hat, rast davon und gewinnt die Etappe mit acht Minuten Vorsprung.

17. 3. 1986

»Intellektuelle«

Kürzlich sagte Tomi Ungerer, der so wunderschöne Menschen und Tiere zeichnen kann, in einem Interview: »Für mich sind die meisten Intellektuellen ein bißchen wie Ungeziefer.« Ich erschrak, als ich das las. Ungerers typische Mundbewegungen waren bisher ganz andere gewesen! Er muß doch wissen, dachte ich, daß vor rund fünfzig Jahren genau diese Wörter gesagt wurden, und daß ihnen Taten folgten. Er, ein Intellektueller, *kann* das nicht vergessen haben.

Ich denke es immer noch. Aber natürlich weiß ich auch, daß Tomi Ungerer, der ganze Bücher gegen Faschisten aller Arten gezeichnet hat, an etwas anderes gedacht hat. An was, das hat er zwar nicht ausgeführt: aber vermutlich irritiert ihn genau so wie mich, daß heute so viele, die als Intellektuelle auftreten, befremdend leblos wirken. Unsinnlich. Völlig neben den Schuhen. Ohne einen Funken Humor. Als seien sie mit Kammgarnanzügen verkleidete Tonbänder, die uns zwar komplexe, aber dennoch unüberhörbar standardisierte Sätze vorspielen. Einen wie Ungerer, der streng aber ungerecht ist, muß das rasend machen. Es macht ja sogar mich, der ich gerecht aber mild bin, ziemlich kribblig.

Aber gerade die analysieren dauernd in aller Öffentlichkeit seine Zeichnungen und erklären mit definitiven Wörtern meine Bücher! Zuweilen beschleicht deshalb auch mich das Gefühl, daß sie dafür noch viel weniger geeignet sind als einer, der Nietzsche nicht von Immermann unterscheiden kann. – Wer ist schuld? Das böse Bürgertum, das sowieso an allem schuld ist und noch immer, ein bißchen wenigstens, den sozialen Aufstieg mit der »Bildung« koppelt? Dessen Schulen und Universitäten, in denen auch Tomi Ungerer und ich trainiert worden sind?

Ganz unschuldig sind die gewiß nicht. Sie bringen den jungen Bücherlesern und Zeichnungsanguckern bei, ihre Tätigkeit sei eine Wissenschaft! Müsse kühlen Verstands und kalten Herzens ausgeübt werden! – Dabei *brodelte* Einstein, als er $E = \frac{m \cdot v^2}{2}$ notierte. – Das kritische Lesen und Gucken ist eine *Kunst* (zuweilen ein Handwerk). Wer wie ein Mathematiker guckt und liest (wie ein mißverstandener Mathematiker), verzichtet auf sein bestes Erkenntnisinstrument: seine vom Verstand beobachteten Gefühle. Die schießen dann, die Schurken, in Form von Vorurteilen jäh an die pseudowissenschaftliche Oberfläche.

Schule und Uni können nicht *ganz* anders als die Welt sein, die sie umgibt. (Geben sich manchmal recht wenig Mühe, es zu versuchen.) Leser und Gucker werden ebenfalls auf Sieg getrimmt, wie das bei uns halt so üblich ist. Einer ist immer der Stärkere. So vom zweiten Semester an, und dann für alle Ewigkeit, tragen sie mit jeder Zeichnung und mit allen Büchern einen Kampf aus, den sie jeweils prompt gewinnen. Selten bleiben sie sprachlos. Freunden sich gar mit unsern Linien und Wörtern an.

Ganz klar, ich habe heute meinen polemischen Tag. Also gleich auch noch das: diese gefinkelten Intellektuellen haben zudem die Neigung, sich mit ähnlich intellektuellen Gefinkelten zu umgeben, möglichst ein bißchen blöderen als sie selbst es sind. Sie erkennen sich gegenseitig am Geläut. So vermehren sie sich schnell, die »Intellektuellen«, wissen immer ungebrochener und lauter alles und nichts, und das auf Kosten jener, deren kritische Neugier sie am allerwenigsten ausstehen können. Die wir früher einmal Intellektuelle genannt haben. *See what I mean,* Tomi?

24. 3. 1986

Die Seele als Metermaß

Wenn ich etwas hämmere und zimmere, dann nehme ich mein gelbes, faltbares Metermaß und merke mir Länge, Höhe, Breite von dem, was ich bezimmern und behämmern will. Bis vor kurzem dachte ich, daß es alle Handwerker so halten und gehalten haben, seit den Pfahlbauern. Wer nicht mißt, kann nicht handwerken.

Zuweilen bin ich in einer ländlichen Gegend, in einem Haus, das etwas von einem zerfallenden Hühnerstall hat. Bis vor kurzem gab es nicht einmal ein Klo, und schon gar kein Bad, und so bauten wir eins. Die handgebastelte Duschecke ist ein Meisterwerk geworden. Die Tür zum Badeschopf trauten wir uns aber nicht zu und baten den Schreiner des Dorfs zu uns. Lange schaute er sich das Türloch an. Schaute und schaute. Trank ein Bier. Schaute nochmals. Irgendwann einmal übermannte mich die mir antrainierte Rationalität des 20. Jahrhunderts, und ich fragte ihn, ob er die Tür nicht ausmessen wolle. Ah, ja, natürlich. Ich lieh ihm meinen Maßstab, und er fummelte damit umständlich herum; aber schließlich hatte ich die Ergebnisse auf einem Zettel notiert. – Den fand ich später auf einem Stuhl. – Also brachte ich ihn in der Schreinerei vorbei. Ah, natürlich, ja. Danke. – Am übernächsten Tag war er wieder da und sah sich die türlose Tür erneut an. Wie beim ersten Mal. Wieder trank er ein Bier. – Und so noch zwei drei Male, so daß ich zu argwöhnen begann, es gehe ihm um die Biere. – Schließlich brachte er die Tür. Sie paßte nicht: aber beinah. Er wirtschaftete eine Weile an ihr herum, und dann war sie fertig. Ganz klar, er hatte sie nach Gefühl gemacht. Den Zettel mit den Maßen hatte er nie mehr angeschaut.

Ich dachte, der spinnt halt; Gott möge ihm weiterhin helfen. – Etwas später wollten wir eine Kammer bauen und mußten dafür zwei Mauern hochziehen. Das war für unsre Handwurstelei entschieden zu viel, und ich ging zu einem Baumeister. Auch er kam (in einem Citroën CX), und alles begann von neuem. Auch er ging am Ort der zukünftigen Kammer herum und sprach und trank; nur messen tat er nichts. Dafür kam auch er weitere fünf bis sechs Male vorbei, guckte erneut, trank noch ein paar Biere, während er gegen Wände klopfte. Und plötzlich war er da mit einem Lastwagen und Backsteinen und zwei Nordafrikanern und Kies und Zement, und als alles fertig war, waren drei Backsteine und ein Häuflein Sand übriggeblieben.

Ich brauchte dann immer noch eine Weile, zu verstehen, was geschehen war. Schreiner und Baumeister hatten die Maße ihrer Vorhaben langsam in ihre Seele einsickern lassen. Erst als sie Tür und Kammer in sich *fühlten*, konnten sie anfangen. Dann aber brauchten sie keine Pläne mehr, keine Notizen, nichts.

In der Zwischenzeit sehe ich, daß es alle so halten,

dort, einige wenige Kilometer von der rasenden Zivilisation entfernt. Den Citroën cx fahren sie zur Tarnung. Sie bauen Häuser, ganze Dörfer wie ihre Ahnen: nur nicht mehr auf Pfählen. Den Space-Shuttle, das ist wahr, könnten sie mit dieser Methode wohl nicht bauen. Aber irgendwie schaffe ich es nicht, es ihnen übelzunehmen.

Wenn ich es recht bedenke: in *meinem* Handwerk halte ich es auch nicht anders. Nie notiere ich Romanpläne! Handlungsabläufe! Auch ich muß immer zuerst das *Ganze* spüren, sogar bei so etwas Kleinem wie einer Kolumne, auf daß sie, wenn ich oben anfange, unten da aufhöre, wo auch der Platz aufhört, wie jetzt.

7. 4. 1986

Nieder mit Duden!

Vor ziemlich genau hundert Jahren veröffentlichte Konrad Duden, ein Schullehrer aus Wesel, sein Buch über die Rechtschreibung der deutschen Sprache, das inzwischen ein Naturgesetz geworden ist. Es war damals wohl ein notwendiges und vernünftiges Buch. Wenn ich hier zu einem vernichtenden Schlag dagegen ausholen will (und ich will das), muß ich mit den ersten Tagen der Menschheit anfangen.

Damals sagten wir, wenn wir uns in den Arvenwäldern der Urschweiz begegneten, gar nichts zu einander, oder allenfalls *Hoi!*, denn in jedem Krachen wurde eine andere Sprache gesprochen. Altdorf war Babylon, und sicher war auch die Sache mit dem Apfel ein Sprachmißverständnis.

Damals vergingen die Jahre ziemlich unbemerkt – bis hin zu jenem, da im fernen Deutschland Martin Luther es nicht mehr ertrug, daß just der verbuhlte Papst den Frauen zween Mal die Woche beiwohnte und nicht er selber, und in seiner Wut die Bibel so trefflich übersetzte, daß bald ein jeder dachte, er habe sie *geschrieben*. Durch das kollektive Bibellesen verstanden die Leute in Altdorf bald sogar einen von hinter dem Berg, wenn er nicht von weiter als Liestal oder Thalwil kam. – Und wieder wurden Kinder geboren und starben. – Bis die gnadenlose Zeit Goethen heranwehte, im nun nicht mehr so fernen Deutschland, den nächsten Meilenstein in der Geschichte der deutschen Sprache. Zu seiner Zeit konnte einer aus Frankfurt schon ganz gut mit einer aus Sesenheim radebrechen. Mindestens seine Zungenküsse verstand sie.

Bis dahin hatte also jeder Vereinheitlichungsschritt die Benutzer der deutschen Sprache glücklicher gemacht. Warum also, dachte der kluge Konrad Duden, sollte er diesen Weg nicht bis zu seinem glanzvollen Ende gehen? Allen Menschen mehr Sicherheit geben – wenigstens beim Lesen und Schreiben? In der Tat war das Leben damals für alle stets nur eine einzige Unsicherheit. Man hatte die Wahl zwischen Spieß im Bauch, Pest oder Hungertod. Bevor es so weit war, stürzte man sich auf jede noch so fiktive Verbindlichkeit.

Jedoch sind seither wieder die Jahre vergangen. Und heute! Sicherheit, wohin ich schaue! »Sicherheit«, eine in Anführungszeichen. Ich zum Beispiel bin gegen alles versichert (Leben, Kasko, Wasser), nur gegen das nicht, was mich wirklich ängstigt (Reagan, Gorbatschow, Kopp). Ich bin, wie wir alle, in ein Netz verheddert, das mich gegen die kleinen Schmerzen der Existenz absichert, mich aber gleichzeitig daran hindert, eigene kraftvolle Abwehrbewegungen gegen die großen zu machen. Denn diese großen Schmerzen (bumm! schnauf! aus!) sind so gewaltig, daß wir uns, um sie zu vergessen, geradezu begeistert über die kleinen aufregen (Ausländer,

Inländer, Schwiegermutter). – Auch der unaufhaltsame Triumph Dudens hat mit dieser Abwehr zu tun. Wir *wollen* tadellos normiert schreiben, um das Leben, das in jeder Sprache steckt, nicht allzu deutlich spüren zu müssen. Duden ist das konservative Prinzip an sich geworden. Neben ihm hat nur noch die Straßenverkehrsordnung ein ähnlich perfekt geknüpftes Netz über uns geworfen und hält die Energien von uns potentiellen Aufrührern auf niederster Ebene gefangen.

Zu spät, aber immerhin, plädiere ich also dafür, daß ein jeder ab sofort so schreibt wie er will. Eine jede wie sie. Sowieso werden wir alle den guten alten Konrad so schnell nicht vergessen können. Oder findet sich etwa in dieser Kolumne ein eintsiger Rechtschreibefeler?

14. 4. 1986

Die Lehren der Geschichte

Wir lernen alle aus der Geschichte, oft unfreiwillig und meist ohne viel davon zu merken. Sie prägt uns, und es hilft uns nicht viel, wenn wir versuchen, den zuweilen hundsgemeinen Druck, den sie ausübt, zu durchschauen und zu durchkreuzen. Jeder sitzt in einer Suppe, die er sich in der Regel nicht selber eingebrockt hat und die er auch nicht immer auszulöffeln gedenkt. Aber es ist *seine* Suppe, mag er sich noch so sehr nach *potage, soup* oder *minestrone* sehnen.

Die meisten filtern dabei aus ihrer vielfältigen Vergangenheit *eine* dominierende Erkenntnis: die Amis zum Beispiel, daß der gewinnt, der schneller zieht. Die Italiener, daß kein Chaos groß genug sein kann, sie am Spaghettiessen zu hindern. Die Deutschen, daß es zwar herrlich sein mag, jemandem eins in die Fresse zu hauen, daß diese Haue aber stets auf sie zurückfällt. Undsoweiter.

Nur wir Schweizer scheinen gleich zwei Lehren aus unsrer Geschichte gezogen zu haben, zwei Lehren zudem, die so schlecht und recht zu einander passen wie das alte und das neue Testament und die in unsrer nationalen Religiosität denn auch ähnliche Rollen spielen. Ich meine Morgarten und Marignano. Beide prägen uns bis heute, aber die Euphorie von Morgarten verflüchtigt sich mehr und mehr und wird vom immer strahlenderen Marignano verdrängt. Einerseits sind wir immer noch eine Nation der Davide, die den Goliaths Steine an die Köpfe knallen. Andrerseits haben wir gelernt, daß es uns dann immer am besten geht, wenn wir gar nichts tun. Die durchaus unfreiwillige Niederlage von Marignano hat sich in unsern Köpfen längst in einen Sieg verwandelt. *Stillesitzen* hieß schon in der alten Eidgenossenschaft jene Tätigkeit, die heute so sehr die dominierende Lehre unsrer nationalen Bibel geworden ist, daß der archaische Mut von Morgarten nur noch mobilisiert wird, wenn die Fußballnationalmannschaft wieder einmal nach Mexiko soll oder wenn wir es uns allzu unbedacht gut gehen lassen wollen: ohne eine Armee auf dem neuesten Stand der Zeit zum Beispiel. Sonst aber hat sich das aus Marignano abgeleitete Prinzip der ewigwährenden Neutralität auf den Satz *Nichts sehen, nichts hören, nichts tun* verkürzt. Immerhin haben wir so zwei Weltkriege gewonnen, den letzten mit dem ebenso genialen wie zynischen Konzept des Réduits (Marignano unterirdisch), das wir nun, weils schon einmal so schön war, auf den Zivildienst übertragen: Stillesitzen in Parkgaragen.

Natürlich ziehen wir uns wieder einmal durchaus unfreiwillig auf uns selber zurück. In der Welt draußen ist es einfach *zu* schrecklich. Wir sind das nicht gewöhnt. So lesen wir das neue Testament von Marignano als eine prophetische Warnung unsrer klugen Väter, ja nicht ins Ausland zu gehen, nicht einmal nach Oberitalien. Vielleicht sind wir erst jetzt so richtig dabei, eine Nation zu werden. Mindestens wir Deutschschweizer. Eine eigene Währung haben wir schon, und die eigene Sprache beginnt sich durchzusetzen. Bahnhofbuffet Olten plus viel viel Zürich. Vorstellen kann ich mir inzwischen durchaus (habe es eigentlich schon erlebt), daß wir Besuchern aus, sagen wir, Mali oder Peru unsre Witze auf Züritüütsch erzählen. Die lachen dann schon, und wenn nicht, dann eben nicht. Wir lachen ja auch nicht über ihre Witze, weil sich das nämlich nicht lohnt. Hinter einem Witz aus Peru oder Mali steht keinerlei Wirtschaftskraft.

21. 4. 1986

Schnell schreiben!
Langsam lesen!

Ich glaube, es war Präsident Kennedy, der auf die Idee kam, alles Geschriebene viermal schneller zu lesen als bisher üblich, und weil damals die Kennedys, John F. allen voran, für Erfolg, Jugend und Fortschritt standen, hudelte bald jeder, der fortschrittlich, jung und erfolgreich sein wollte, wie ein Blöder über die Buchstaben hin; schaffte die *Financial Times* in zwei Minuten und den Don Quixote in einer Stunde.

Umgekehrt, als hinge das damit zusammen, schrieben die Intellektuellen immer langsamer. An den Universitäten gab es immer mehr verquälte Forscher, die alle paar Stunden zögernd ein Wort schrieben und es sofort wieder durchstrichen. Ich kannte einen, anfangs der Sechzigerjahre, der kam immerhin um einen Satz pro Tag vorwärts, den er mir dann abends beim Bier zitierte. So lernte ich die ersten Seiten seines Buchs über Schlaflosigkeit und Kreativität kennen, das immer noch nicht erschienen ist, weil es, wenn es dann erscheint, die bisherige Forschung aus den Angeln heben soll.

Langsam schreiben, schnell lesen: natürlich wird umgekehrt ein Schuh draus. Schnell schreiben, langsam lesen! John F. Kennedy mag von vielem etwas verstanden haben, vom Geldverdienen und vom Kommunismus und von Frauen: bei seiner Art des Lesens *meinte* er einfach nur, etwas mitgekriegt zu haben, oder er las prinzipiell nur schon Vertrautes. Die Langsamschreiber ihrerseits neigen nach einigen Jahren des Langsamschreibens dazu zu glauben, ihr Langsamgeschriebenes habe eine besondere Bedeutung, nur weil es langsam geschrieben ist. Auch sie irren sich. Etwas Lebensvolles, Neues, Aufregendes wird schnell geschrieben, in der Wissenschaft *und* in der Literatur.

Es gebe keine Inspiration: ich kenne sogar Schreibende, die das sagen. Aber wenn es sie nicht gibt, wieso können die, die das können, an einem Tag herrlichste Sätze aus sich herauswerfen und an vielen andern Tagen nicht? Goethe und Marx: ihre Handschriften flogen nur so (die leeren Zeiten hinterlassen keine Spuren), und sie schrieben gern. Es ist nicht wahr, daß das Schreiben eine Qual ist. Das *Nicht*schreiben ist eine. Jeder Schreiber sehnt sich nach dem Schreiben, aber zuweilen ist jener geheimnisvolle Mitarbeiter in ihm drin wie tot, und ohne ihn bringt er nichts zustande.

Newton, als er den Apfel durchschaut hatte, der ihm auf den Kopf gefallen war, konnte seine Theorie dann auch ohne ein weiteres Zögern hinschreiben. Freud! Leonardo da Vinci! Es gibt Manuskripte von Kafka, da sieht man der Schrift an, wie die Hand eben noch übers Papier gefegt ist, und plötzlich verknäuelt sich alles, und aus. *Darüber* beklagt sich Kafka dann, nicht übers Schreiben! Dostojewskis Hand sah man kaum mehr, so schnell bewegte sie sich. Und natürlich bleibt es das geheimnisvollste Wunder, daß einer, den alle Shakespeare nennen, ums Jahr 1600 so etwa acht Stücke schreiben konnte, von denen eins *Hamlet* und andere *Julius Cäsar* oder *Viel Lärm um nichts* hießen; schließlich hatte er daneben ja noch ein Theater und drei Kinder.

Alle Tomaten sind rot, aber nicht alles, was rot ist, ist eine Tomate. So ist zwar vielleicht alles, was gut ist, schnell geschrieben, aber noch längst nicht alles gut, was schnell. Sicher schreibt Herr Konsalik wie eine motorisierte Panzerdivision. Und umgekehrt notiere ich, um nicht das Opfer meiner Theorie zu werden, diese Kolumne geradezu panisch langsam.

21. 4. 1986

Macht Ronald Reagan unsterblich!

Kürzlich (vielleicht erinnern Sie sich?) schrieb ich eine kleine Geschichte der Tiermetapher, nämlich daß, wer einen andern Schwein oder Laus nennt, ihn später, wenn genügend viele in ihm tatsächlich eine Laus oder ein Schwein sehen, besten Gewissens umbringen darf.

Damit, so dachte ich, sei ich das Thema los. Aber nein. Ronald Reagan las meine Kolumne nicht und nannte also Gaddafi einen »räudigen Hund«. Diesmal brauchte sein Wort keine zehn Tage, um seinen bislang menschlichen Gegner in einen zu verwandeln, dem er einen Knüppel auf den Kopf hauen durfte. Und da Gaddafi nicht greifbar war, schlug Reagan eben jene armen Hunde tot, die in dessen Nähe zu wohnen das Pech hatten. Männer, Frauen, Kinder.

Sehen wir einmal von jenem simplen Rassismus ab, nach dem alle Araber fanatisch, heimtückisch und blöd sind: Wieso eigentlich konzentriert sich Ronald Reagan, der doch auch einige *wirkliche* Probleme hat, seit so langer Zeit so obstinat auf den nicht sehr großen Führer eines eher kleinen Landes?

Ein Grund scheint mir zu sein: Gaddafis Welt ist ihm, allen gegenteiligen Beteuerungen zum Trotz, gar nicht so fremd. Gut, Gaddafi reizt ihn bis aufs Blut, aber er fühlt sich dabei nahezu wohl. Fast könnte man sagen, er mag ihn.

Wieso auch nicht? Auch Gaddafi läuft (viel unbefangener als Ronald Reagan es je tun dürfte) im wiegenden Heldenschritt mit baumelnden Pistolen herum. Auch Gaddafi ist ein brillanter Showman und hält Pressekonferenzen ab wie Reagan sie nicht besser hinkriegt. Auch Gaddafi glaubt, man müsse, um sich durchzusetzen, aggressiver als die andern sein. Auch Gaddafi ist »schön«, ein Darsteller. Auch Gaddafi hat jenen Mut, der Reagan ebenfalls, nun ja, auszeichnet: Er fährt etwa ungeschützt und ungerührt im offenen Auto in seinem Land herum. Auch Gaddafis Weltbild braucht die Fiktion eines irrational-teuflischen Gegners. Auch Gaddafi belegt politische Gegner mit Tiernamen. Und auch Gaddafi reitet gern, auf Pferden *und* auf Kamelen. Er ist der Spiegel, in den Ronald Reagan schaut. Ist es seine Schuld, daß dieser einen Hund erblickt und ihn räudig nennt?

Erst seitdem ich sehe, mit welch aggressiver Wollust Ronald Reagan sich an Gaddafi reibt, beginne ich zu ahnen, wie sehr er bei uns Europäern die vertrauten Schulhofstrategien seiner Jugendzeit vermissen muß. Schimpfen und Steine werfen! Aber gerade weil er so hemmungslos auf die Bubentechniken seines fernen Westens setzt, ist der *eine* Unterschied zwischen ihm und Gaddafi besonders schmerzhaft: Dieser ist so viel, viel jünger. Ach, Ronald Reagan wäre nicht der erste Greis, der seinen individuellen Tod mit dem allgemeinen verwechselte. Es ist ja auch schrecklich ungerecht, alt zu sein, wenn andere erst gerade loslegen, zu sterben gar, wenn andere noch Kinder zeugen. Wenn einem ein hohes Amt den Finger an den Drücker legt, wird die Versuchung mit jedem Jahr größer, den andern zu zeigen, daß man ihn noch krümmen kann.

Das Unglück der Menschen ist, daß sie sterblich sind. So müssen die, die rechtzeitig abtreten, nie die Suppen auslöffeln, die sie den Jüngeren im letzten Moment noch eingebrockt haben. Wenn die Götter Ronald Reagan, und mit ihm uns alle, unsterblich machten, würde der sich auf der Stelle in das Schäfchen zurückverwandeln, zu dem ihn die Götter einst ja auch, wie uns alle, bestimmt hatten. In einen Hammel. Nachdenklich weidete er in unserer Mitten. Der, der da hinten blökte, hieße Gaddafi. Kein Hund umkreiste uns.

28. 4. 1986

Die Magie der Namen

Als ich auf die Welt kam, hatte ich einen Kopf wie eine Birne, ungelogen. Aber erst jetzt, wo ich Ihnen die Geschichte der wundersamen Verwandlung meines Schädels erzählen will, fällt mir auf, daß ich (hätte ich diese Mitgift behalten) leicht ein Staatschef hätte werden können. Helmut Kohl ist nicht der einzige mit einer Birne. Auch Louis Napoleon hatte eine. Hannibal, glaube ich. Aber leider wurde meine Birne fast sofort zu einem Bärenkopf. Das hing (und hängt) mit meinem Namen zusammen. Urs. Urs heißt der Bär. Die Namen können immer noch zaubern. Alle andern Wörter: wir können sie rufen und brüllen wie wir wollen – sie verhallen wirkungslos. Kein Dornbusch brennt. Kein Papa fällt tot um, wenn der Ödipus in uns seinen Fluch flüstert. Auch der magischste Ureinwohner Neuguineas schimpft ohne jede Hoffnung, wenn er einen Dollar in den Cola-Automaten getan hat, und keine Flasche ist herausgefallen. Völlig gegen unsre ursprünglichen Absichten bauen wir deshalb längst auf die Rationalität dessen, was wir sagen. Glauben sogar, daß wir gar nicht mehr zaubern *wollen*! Lachen unsre Kinder aus, wenn sie es zuweilen noch versuchen. Nur die Namen! Keiner von uns (Sie nicht, nicht ich) läßt Witze mit seinem Namen zu. Zu deutlich ist er unsre Bestimmung, auch wenn viele von uns sich gegen sie wehren.

Urs. Lange Zeit hatte ich eher das Gefühl, meine Eltern hätten nicht mehr als das strikte Minimum für mich getan. Drei Buchstaben! Andere hießen Johann Wolfgang oder Rainer Maria! – Immerhin, Bären sind mir sympathisch. Alle. Am meisten allerdings liebe ich die Waschbären. Nie habe ich mich mit so blöden Tieren wie Adlern oder Löwen identifiziert. Leo, auch drei Buchstaben, hätte ich meinen Eltern weit mehr übelgenommen. Dafür stoße ich ständig auf Bäriges. An jeder Ecke steht ein Gasthof meines Namens, dem ich einen Höflichkeitsbesuch abstatten muß. In Bern starre ich jedes Mal in den Graben hinunter wie in einen Spiegel. Unten, die Ebenbilder, glotzen zu mir hoch.

Nur reisen kann ich mit meinem Urs schlecht. Die Deutschen verstehen stets Horst. In Lausanne schon rufen sie mich mit einem spitzen Ü, *Ürsö*, in Amerika klingt es wie Rülpsen. Dafür aber besteigen andere Menschen mit anderen Namen einfach einen Eisenbahnwaggon, wenn sie verreisen; ich aber einen *Fumeurs*, den ich natürlich Fume-Urs lese. Der Ursprung ist natürlich ein Urs-Sprung, man weiß ja, wie die Sprache mit Konsonantenhäufungen umgeht. Die Urs-Szene gar spielt in meinem Leben eine gewaltige Rolle, obwohl ich sie nie gesehen habe.

In Wirklichkeit glaube ich heute noch nicht, daß man ein Wort einfach so aussprechen kann, und gar nichts passiert. Die Namen sind nur die Spitze eines Vulkans.

Neben mir wohnt ein Tiefbauingenieur, der Würmli heißt. Jedesmal, wenn ich an seinem Haus vorbeigehe, weht mich ein Hauch aus jenen Urzeiten an, als das Wünschen noch half (und das Verleugnen nicht), und ich erschauere vor Schreck und Glück.

5. 5. 1986

Das Land der Dichter

Manchmal stelle ich mir ein Land vor, in dem nur Dichter wohnen, und Dichterinnen. Wir wären unter uns. Das Land sähe nicht wie die Schweiz aus – eine freundliche Steinwüste vielleicht? Jedenfalls ist es im Vordergrund von einer hellen heißen Sonne beschienen und wird, wenn wir über eine weite Ebene schauen, zunehmend dämmriger. Der Horizont ist schwarz. Ein jäher Abgrund begrenzt es. Wer die Ohren spitzt, hört sein lockendes Dröhnen.

Die meisten Dichter und Dichterinnen leben in bester Wohnlage, mitten in der Sonne. Nachbarn so weit das Auge reicht. – Andere allerdings wohnen in der Ebene, in weniger aufwendigen Häusern. Die ersten in einer durchaus noch hellen Sonne; manche dann schon in grauer Dämmrung. – Hier stehen die Häuser in größeren Abständen. Es gibt Kartoffeläcker und Wiesenblumen; aber auch zerklirrte Bierflaschen. Die Wege sind nicht mehr asphaltiert. – Vorn am Abgrund stehen nur noch einzelne Häuser. Jetzt, wo wir uns in diese düstere Gegend vorgewagt haben, hören wir das Toben aus dem schwarzen Loch gut, und wir sehen, daß die Türen dieser Hütten im Sturm hin und her schlagen. Die meisten scheinen unbewohnt zu sein. Auf sehr vergilbten Türschildchen stehen Namen, die wir kaum noch entziffern können. Hölderlein? Ehemalige Bewohner, die gestorben oder vom Strudel verschlungen worden sind. Wer möchte auch hier wohnen, freiwillig?

Aber freiwillig wohnt im Dichterland keiner wo er wohnt. – Natürlich täuschen sich manche und müssen dann umziehen. – Die am Abgrund verharren in der Regel, wo sie sind: starren hinein, oder halten sich mit aller Kraft Augen und Ohren zu. Die in der Sonne jedoch brechen immer wieder auf und wandern den dunklen Landstrichen entgegen. Der zum Beispiel, der jetzt die Villa von Thomas Mann bewohnt, zieht fast täglich los. Aber seltsamerweise kehrt er stets am selben Punkt um wo schon Thomas Mann. Es gibt alte Fotos, da sieht man diesen Thomas, wie er ungläubig ins Duster starrt. Einmal knipste der Fotograf, der ihn offenbar immer begleitete, auch in seine Blickrichtung und fand zu Hause im Entwicklerbad das Bild einer vom Wind schräggewehten Hütte. Am Fenster stand einer, unrasiert und in einem alten Militärmantel. Winkte er? Schrie er um Hilfe? Fluchte er?

Und heute? Wer wohnt wo? Wo wohne ich? Sicher ist, daß die Gegend am Abgrund nicht sehr dicht besiedelt ist. Es gibt da schon Leute, auch ein paar Frauen, aber niemand kennt sie so recht. Scheue. Sagen nie etwas Gescheites, wenn das Fernsehen da ist. – Gewiß ist auch, daß auch wir Dichter und Dichterinnen den Trend zur Zweitwohnung kennen. Wir haben jetzt ja auch Autos. Für ein Wochenende fahren wir gern in den gefährdenden Sturm. Wir haben ja genug Benzin im Tank für die Rückfahrt. – Die am Abgrund sind Fußgänger.

Manchmal wundert man sich. Man kann zum Beispiel überzeugt sein, daß der oder jener, berühmt wie er ist, in der wärmendsten Sonne wohnt: und dann geht man, von der eignen Wohnung aus abgrundwärts, ein bißchen wandern, und plötzlich, in einer Gegend, in der man ihn nicht vermutet hätte, steht der Berühmte, die Pfeife im Maul wie Surabaja-Jonny, ziemlich einsam eigentlich, an einem Ort jedenfalls, wo kein Rat der Regierung jemals hinkommt, und auch kein Rektor der Universität, etwa um ihm einen Geburtstagskuchen zu bringen, oder einen Ehrendoktorhut.

12. 5. 1986

Der erste Bergsteiger

Vor 650 Jahren, am 26. April 1336, bestieg der Dichter
Francesco Petrarca den Mont Ventoux (1909 m ü. M.),
über den die Winde schon damals fegten. Er ging hinauf
und hinunter, und dann saß er in einer Wirtschaft und
schilderte einem Freund sein Erlebnis in einem Brief.
Das Normalste der Welt also.

Natürlich nicht. Auf einen Berg zu klettern, einfach
so, war damals etwas völlig Irrsinniges. Niemand tat so
etwas. Als Petrarca oben in der dünnen Luft Südfrank-
reichs stand und in die Weite sah, war er wohl der erste
Bergsteiger überhaupt geworden.

Vor Jahren bin ich Petrarcas Weg nachgegangen,
einen Teil davon. So bubig war das nicht! Auch ich, ein
topfiter Poet des 20. Jahrhunderts, kam ins Schnaufen
und Schwitzen.

Petrarca ging nicht allein. Er nahm seinen Bruder mit,
und jeder hatte eine Art Sherpa. Unterwegs richteten sie
ein Basislager ein und nahmen für den letzten Anstieg
nur noch das Nötigste mit. Zu diesem Nötigsten gehörte
ein Buch, denn auf dem Gipfel zog Petrarca, nachdem er
sich gebührend umgesehen hatte, die Schriften Augu-
stins aus der Tasche und schlug sie aufs Geratewohl auf.
Und was las er? »*Und es gehen die Menschen*«, just das

las er!, »*zu bestaunen die Gipfel der Berge und die unge-
heuren Fluten des Meers und die weit dahinfließenden
Ströme und den Saum des Ozeans und die Kreisbahnen
der Gestirne, und haben nicht acht ihrer selbst.*« Er stand
wie betäubt, und was ihn betäubte, war der Schluß dessen, was er da las.

Petrarcas Bergbesteigung ist der Anfang von etwas,
was heute zu Ende geht. Nicht weil wir inzwischen in
Zweierkolonnen aufs Matterhorn rennen; das kommt
dann noch dazu. Petrarca begann, als er seine sinnlose
Anstrengung unternahm, seiner selbst acht zu haben!
Sich zu spüren, sich! Seine Gedanken zu denken, seine!,
und es zu wagen, vorsichtig und erregt, »Ich« zu sagen.
Auch so etwas tat man damals nicht. Die Menschen, für
die alles magisch mit allem zusammenhing, fühlten sich
nicht abgegrenzt. Ja, das Mittelalter lag hinter Petrarca,
als er da oben herumtanzte und »Ich! Ich! Ich!« rief, und
vor ihm leuchtete die Renaissance. Aber das wußte er natürlich nicht. Er hatte vor allem Hunger und Durst. Er
ahnte nicht einmal, *wie* großartig und hoffärtig dann ein
Medici »Ich« sagen konnte.

Und wir? Uns ist es selbstverständlich, uns als Eigne
zu fühlen: aber von den andern wollen wir uns nicht
unterscheiden. Die Ichs der Renaissance wären bei uns
Kriminelle. Manchmal sehe ich noch so einen, einen alten Bauern oder einen seltsamen Gelehrten, der ein Eigener ist: und nicht, weil er meilenweit für eine Camel
geht. Ich bin nicht immer sicher, ob ich mit ihm tauschen
möchte, diesem Einsamen.

Kürzlich blätterte ich in einer Frauenzeitschrift, und die empfahl meiner Frau, möglichst oft mit mir zu schlafen. Es sei gesund für ihren Kreislauf. Wir wollen keine Ichs mehr sein. Aber gesund!

Petrarca liebte eine Frau, Laura. Er hatte sie nur einmal gesehen. Tag und Nacht dachte er an sie. Er glühte. Das tat seinem Kreislauf nicht gut, aber er schrieb die herrlichsten Gedichte. Als sie starb, hörte er damit nicht auf, im Gegenteil; dichtete jetzt halt im Imperfekt. – Oft stelle ich mir vor, was passiert wäre, wenn Laura plötzlich an Petrarcas Tür geklopft und gesagt hätte: Da bin ich.

20. 5. 1986

Brief an das Amt für Zivilschutz

Ich habe dem Amt für Zivilschutz der Stadt Zürich einen Brief geschrieben. »*Sehr geehrte Herren*«, so beginnt er, weil ich dort niemanden beim Namen kenne. »*Ich bin in den Zivilschutz eingeteilt worden und habe die Aufforderung bekommen, an einem Einführungskurs teilzunehmen. Ich will das nicht tun und möchte Ihnen in diesem Brief begründen, warum nicht.*«

»*Ich will nicht*«, fahre ich fort, »*in einer Tiefgarage das Löschen von Bränden oder das Entseuchen verstrahlter Kleidung üben, solange meine Regierung mit der einen Hand das Feuer anzündet, vor dem sie uns mit der andern Hand zu schützen versucht. Natürlich spreche ich von unsern Atomkraftwerken und den Maßnahmen, uns vor ihnen zu schützen.*«

»*Die Welt verlor ihre Unschuld schon vor Tschernobyl*«, schreibe ich weiter. »*Es gab schon vorher Entsetzliches. Dennoch hat uns erst Tschernobyl vor Augen geführt*, wie *unausweichlich die Auswirkungen von Atomkatastrophen sind. Ein Menetekel, das kein Gott noch deutlicher in den Himmel schreiben könnte.*«

So geht der Brief dann weiter: »*Seltsamerweise wollen wir Menschen alle Erfahrungen selber machen. In der Liebe oder im Städtebau ist das ja auch halbwegs sinn-*

voll. Aber es gibt Dinge, die man nicht erfahren kann, *oder nur einmal, und weil das so ist, müssen wir lernen, die Erfahrungen anderer so zu erleben als seien sie unsre eignen. Die Wirkungen der Kernspaltung zum Beispiel* müssen wir *simulieren: was dabei herauskommt (viele Daten auf langen Computerpapierbahnen) kann man kritisch hin und her wenden: irgendwann einmal muß man es* glauben. Wissen *tut man nichts. Die Lücke, die zwischen Glauben und Wissen bleibt, heißt das Restrisiko. Oder, wie Michael Kohn*[1] *es kürzlich am Fernsehen formuliert hat: ›Ich sage nicht, daß es bei uns nicht passieren könnte.‹«*

»*Die Mehrheit von uns*« – ich schreibe immer noch meinen Brief, erinnern Sie sich? – »*hat die friedliche Nutzung der Kernenergie einmal gewollt; und auch Staudämme können brechen. Was aber, wenn in Gösgen oder Leibstadt etwas geschieht, was dem von Tschernobyl gleicht? Ich weiß es, und Sie wissen es. Wir beziehen die Räume des Zivilschutzes und hören Radio* DRS. *Wenn wir uns wieder nach draußen wagen, wird unser Land unverändert schön strahlen. Ein paar tote Kühe nur. Aber es wird unbewohnbar sein. Die von uns, die das können, werden irgendwohin fahren, möglichst schnell und möglichst weit weg, und um Asyl nachsuchen. Hunderttausende werden ein gesundes Land suchen. Ich auch? Jedenfalls wird es mich dann nicht trösten, wenn*

---

[1] Schweizerischer »Energiepapst«. Wirkt in verschiedenen Verwaltungsräten der Energiewirtschaft und war Vorsitzender der Beratungskommission des Bundes

ich irgendwo in Feuerland auf einem Stein hocke und Herr Kohn vorbeischleicht und mich schuldbewußt anschaut. Ich wollte hier bleiben, hier!« Ich komme zum Schluß: »*Erst wenn unsre Kernkraftwerke abgeschaltet sind, und erst dann, wird unser Zivilschutz glaubwürdig. Er kann nicht* allem *dienen: unsrer Sicherheit* und *dem Überfluß. Und weil das Weiterwursteln im Überfluß mörderisch geworden ist,* müssen *wir die Sicherheit wählen. Selbst um den Preis eines neuen Mangels.*

Meine Herren. Ich habe meine Pflichten als Staatsbürger immer ernst genommen. Genau deshalb handle ich heute, gegen die blinde Politik meiner Behörden. Die Demokratie lebt aus dem Verantwortungsgefühl des Einzelnen für das Ganze, gewiß. Was aber wird aus dieser Demokratie, wenn die, die das Ganze vertreten, keine Verantwortung für den Einzelnen zeigen?

Hochachtungsvoll Ihr Urs Widmer.«

26. 5. 1986

Beim Barte des Propheten!

Früher, ganz früher trugen die Propheten wallende Bärte und riefen den Vorübergehenden zu, daß es nicht gut gehen werde, und warum nicht. Obwohl durch jene weisen Männer Gott sprach, im Maßstab 1:1, zeigten alle mit Fingern auf sie und lachten. Vergurgelten dann in Sintfluten.

Kassandra, die keinen Bart aber wirre Haare hatte, sagte den Troern, daß die Stadt brennen werde, und daß das Unheil aus dem Pferd komme, das sie da eben durchs Stadttor zögen. Alle johlten.

Ums Jahr 1000 sagten so viele das Ende der Welt voraus, daß die Bauern die Felder nicht mehr bestellten und verhungerten. Mindestens für sie erfüllte sich die Prophezeiung.

Verglichen mit den zaubermächtigen Alten sind wir alle ziemlich verzagte Wahrsager geworden. Unsere Bärte sind ab. Aber auch wir rufen den Vorübergehenden Botschaften zu. »Hebt die Köpfe!« rufen wir. »Hebt doch endlich eure Mostköpfe!« Hie und da tut das dann auch einer, zuweilen ein Polizist, der nicht sicher ist, ob das Botschaftenrufen statthaft ist. Er lacht nicht.

Es ist einfach geworden, wahr zu sagen. Jeder von uns trägt Murphys Gesetz so sicher in sich als sei es sein eigenes. Nämlich daß immer das denkbar Schlimmste beziehungsweise das schlimmste Denkbare geschieht, früher oder später. Oft früher.

Niemand auch *will* ein Prophet sein. Es ist tödlich, recht zu behalten. Wir brüllen unsre tragisch-lächerlichen Botschaften gegen unsern Willen. Wir: ich meine natürlich wir Dichter. Baudelaire schrieb, Europa werde eines Tages völlig amerikanisiert sein, und Dostojewski roch die russische Revolution, als der Zar noch sorglos Schlittschuh lief. Sie wurden belächelt als seien sie Kinder. Sie *waren* Kinder, aber nicht nur. Und wer sagt, daß wir von Kindern nichts lernen können?

Warum glaubte ihnen niemand? Und heute uns? Zum einen natürlich, weil wir machtlos sind. Wer dem andern die Polizei ins Haus schicken kann, hat die besseren Argumente. Zum andern aber, weil die Probleme sich ästhetisch erledigen, auch wenn sie real weiterbestehen. Ein Satz kann noch so wahr sein: wenn wir ihn zehnmal wiederholen, beginnt er zum Himmel zu stinken. Ja: jene, die unsre Welt gestalten, müssen nur warten, bis wir nicht mehr imstande sind, unsre Sätze ein weiteres Mal auszusprechen. Die Apokalypse war vor Jahren mein verzweifeltes Lieblingsthema. Jetzt schreibe ich ein Buch voller Schmetterlinge.

Es braucht keine reiche Phantasie, sich die Zukunft vorzustellen. Man muß dazu kein Dichter sein. Ich staune im Gegenteil über die, die es *nicht* tun. Woher nehmen sie diese Kraft?

Gut, viele zeigen so wenig Neigung, an ein Morgen zu

denken, weil nichts den Blick so zuverlässig ablenkt wie das eigene Geld. Hätte ich eine Shampoo-Fabrik, weiß der Himmel, vielleicht fände ich Dioxin etwas Natürliches. – Aber wir andern? Unser einziges Interesse ist doch, unter menschenwürdigen Bedingungen weiterzuleben? – Es soll Straußenvögel geben, deren glückliches Lachen man noch aus dem Sand heraus hört, wenn der Löwe schon den ganzen Hintern gefressen hat.

Beim Barte des Propheten: eine seltsame Zeit. Die Dichter sind realistischer als die Macher geworden. Vernünftiger. Wir saufen sogar weniger. Essen einen Zehntel der Pillen von denen. Verrückt.

2. 6. 1986

Warten auf Warten auf Godot

Kürzlich studierten vier Häftlinge eines Gefängnisses in Schweden ein Theaterstück ein: *Warten auf Godot* von Samuel Beckett. Sie wollten sich wohl die Warterei bis zu ihrer Entlassung ein bißchen verkürzen. Regie führte der Direktor. Er hatte ihnen das Stück vorgeschlagen, das von zwei Männern handelt, die auf einen dritten warten, der Godot heißt. Aber statt Godot kommen zwei andere, die falschen; gehen dann wieder.

Die Zuschauer (Frauen und Bräute vor allem) warteten also auch, warteten und warteten auf dieses *Warten auf Godot*, und als der Direktor schließlich hinter dem unerschütterlich geschlossenen Vorhang nachsah, hatten die Schauspieler nicht gewartet und waren durchs Bühnenfensterchen auf und davon. Die gefoppten Zuschauer gingen heim (vier von den Frauen und Bräuten unverhofft erregt), und ich weiß nicht, ob die Truppe des Gefängnisses seither wieder öffentlich aufgetreten ist.

Natürlich gefällt mir, weil ich Tag für Tag Lügenmärchen erfinde, so eine wahre Geschichte. Alle Literatur giert nach Freiheit. In der Regel allerdings simuliert sie sie. Träumt von ihr, von Verboten umstellt. Selten dient etwas Ausgedachtes so wörtlich der Freiheit.

Eins nur verstehe ich nicht: wieso haben die Insassen

dieses musischen Gefängnisses ein so klitzekleines Stück gewählt, und nicht *Hamlet*? Zweiundneunzig Rollen, bei großzügiger Besetzung des Hofgesindes! Viel mehr Bräute und Frauen wären mit roten Wangen nach Hause geeilt!

Überhaupt überzeugt mich das Modell, das uns die Schweden da geben, nur halb. In Schweden, nehme ich an, sitzt jemand nicht *ganz* grundlos im Gefängnis. Wir müßten viel eher, ganz gezielt, Stücke für die Gefängnisse jener Länder schreiben, in denen die Verbrecher an der Macht sind, und die Aufrechten hinter Gittern. Für Chile zum Beispiel. Für *jeden* Gefangenen schrieben wir eine Rolle! Wegen der Zensur müßten es Stücke mit gänzlich unverfänglichen Inhalten sein, positiven. Etwa mit diesem: die Mitglieder der Junta eines südamerikanischen Staats, ehrenwerte Generäle und untadelige Faschisten der ersten Stunde, beschließen, ein Stück aufzuführen, in einem Gefängnis, zur Hebung der Moral der verkommenen Subjekte, die einzusperren sie immer wieder gezwungen sind. Sie haben sich *Hamlet* ausgesucht. Der Präsident höchstpersönlich spielt den dänischen Prinzen, in einer ordenübersäten Uniform. Horatio wird vom Finanzminister gegeben, und Ophelia von der Justizministerin. Donnernder Applaus. Aber an der Stelle, wo der ordenklirrende Hamlet *Ser o no ser, ésta es la cuestiòn* ruft, stürmen die Häftlinge die Bühne, fesseln die entfesselten Regierenden und sperren sie in die Zellen, die gerade noch ihre gewesen sind. Ein Verbrechen! Im letzten Bild sieht man den Präsidenten und die Justizministerin in Ketten. Sie klagen in Versen von großer Schönheit, daß alle Demokraten Verbrecher seien. Sie hätten recht gehabt, sie einzusperren.

Aber das Stück würde ja gar nicht gespielt! Alle Demokraten wären längst durchs Bühnenfensterchen auf und davon! Lägen bei ihren Bräuten! *Lägen*. Denn selbst eine so schöne Geschichte wie jene wahre aus Schweden ereignet sich höchstens alle Schaltjahre einmal. Und wahrscheinlich eben war sie gar nicht *so* schön. Bei wahren schönen Geschichten darf man nicht *zu* genau hinschauen, heutzutage, in der Regel.

9. 6. 1986

Noch ein Brief

Da ich kürzlich dem Amt für Zivilschutz einen Brief geschrieben habe, kann ich gleich auch noch einen an meine Landesväter schreiben. Und an die Landesmutter. Also:

Sehr geehrte Landeseltern! Erinnern Sie sich an die Zeiten, da wir uns wegen Seveso, Aids, sterbenden Bäumen, saurem Regen, überdüngten Böden oder Blei im Salat Sorgen machten? Und dann schauten wir zwei drei Wochen lang woanders hin, durchaus unfreiwillig: und als wir den Blick wieder zurückwandten, hatte sich das ganze Zeugs unversehens in die reine Natur verwandelt. Ist kaum mehr der Rede wert. Dioxin fresse ich inzwischen löffelweise, ohne mit der Wimper zu zucken. Was wäre ich glücklich, in jenen vergangenen Tagen weiter leben zu dürfen.

Aber Tschernobyl *hat* stattgefunden, neuntausendneunhundertsiebzig Jahre zu früh. Und nun *habe* ich Angst. Merke zum Beispiel erst jetzt mit jener endgültigen Wucht, die für mein Denken offenbar nötig ist, daß ich ja nicht nur das altvertraute Gösgen vor der Tür habe, sondern auch (in Creys-Malville, hinten an Genf) einen dieser sogenannten Schnellen Brüter (wer erfindet eigentlich diese Osterhasenwörter?). Fünf Tonnen Plu-

tonium, von dem ein Millionstel Gramm pro Kubik-
meter Luft lebensgefährlich ist. Wenn so ein Werk
durchglüht, grüß Gott. Natürlich tut es das auch nur alle
zehntausend Jahre, wie Tschernobyl.

Das ist die *eine* Angst. Die andre sind Sie. Ich beginne
mich vor Ihnen zu fürchten, seitdem ich auch an Ihnen
jene Art von Gelassenheit bemerke, die bis anhin eher
Helmut Kohls Spezialität zu sein schien. Aussitzen, das
Ganze! Vielleicht bin ich naiv. Ich *bin* naiv. Ich bin nach
wie vor ganz sicher, daß auch Ihnen wichtig ist, daß *wir
alle* der Staat sind, nicht nur Sie allein, und daß wir uns
alle in kollektiver Verantwortung um sein Wohl kümmern müssen. Und daß dazu ein Konsens zwischen
Ihnen und uns gehört.

Sie aber lassen es zu, daß wir uns ausrotten – möglicherweise nur, klar, und nicht absichtlich, und vielleicht wirklich erst in zehntausend Jahren. Sie trennen
sich (durch Sachzwänge taub gemacht?) von »uns da unten«. Hören Sie denn keine Alarmglocken schrillen,
wenn Sie merken, daß es immer häufiger keine Blast-
uns-doch-in-die-Schuhe-Freaks, sondern Menschen
wie Sie und ich sind, die unversehens zu jenen Rändern
hinrutschen, wo die Illegalität beginnt? (Wer weiß, vielleicht sitzt Michael Kohn dereinst auf dem Baugelände
von Kaiseraugst und läßt sich von der Polizei wegschlei-
fen?) Offenbar haben immer mehr von uns das Gefühl,
ihre demokratischen Anliegen nur sichtbar machen zu
können, indem sie Spielregeln der real existierenden Demokratie verletzen. Auch ich bin einer, der ein Kaugum-

mipapier im Hosensack nach Hause trägt, um es dort in den Chüderchübel zu tun. Gehe stimmen, zuweilen sogar in Ihrem Sinn. Liebe mein Land. Und fürchte mich davor, daß eines Tags der Staat zum *Feind* geworden ist, wie anderswo längst.

Schalten Sie die AKWs ab. In vernünftigen Fristen, und das sind nicht dreißig Jahre. Dann können Sie auf unsre Nachbarn jenen politischen Druck ausüben, der nötig sein wird, wenigstens eine Höllenmaschine wie Creys-Malville *sofort* abzustellen. Unser Zusammenleben wird sich entspannen. Sogar das Regieren wird leichter werden.

23. 6. 1986

Wie sieht Gott aus?

Meine Tochter hat mich gefragt, wie Gott aussehe, und was er tue, und seither überlege ich mir das auch. Meine Antwort ist ihr im übrigen nicht sehr wichtig, sie hat ihre eigne parat. Gott ist (sagt sie) überall. Er sitzt auf dem Stuhl, aber auch auf dem Balkon und im Vorgarten. Man kann ihm die Hand geben, indem man in die Luft greift, er hat überall Hände. Trägt, obwohl er unsichtbar ist, ein rosarotes T-Shirt. Unklar ist nur, wann Gott Geburtstag hat. Wen er einlädt zu seinem Geburtstag. Wer seine Mama ist, sein Papa. Ich glaube, ihr und mein Gottesbild treffen sich in einer Art Ahnung, daß Gott einsam ist.

Andrerseits stelle ich mir gar nie *einen* Gott vor, sondern stets eher *Götter*. Einst, was hatten die für ein Leben! Wenn sie (als es noch keine Menschen gab) auf die Erde hinabsahen (hoch oben im Sonnenlicht fliegend), ruhte ihr Blick auf Gestaden, an die die Wellen eines Meers schlugen; Löwen darauf, und Gazellen. Weiter hinten Gebüsche, von Schmetterlingen umgaukelt. Die Götter waren gern Götter dieses Schönen! Schön waren die Lavendel, die Ginster, und schön dann sogar auch die ersten Menschen, die im Schatten grüner Zweige ruhten.

Weit hinten verschwand die sichtbare Welt in feuchten Nebeln. Föhren an den Dunsträndern noch, hie und da eine Gipfelspitze aus den Wolken. Kein Gott wollte mit dem dort etwas zu tun haben. *Mit uns!* Die marmorweißen Götter und Göttinnen saßen im Sonnenlicht! Sahen uns gar nicht!

Es gab ja auch noch nicht viele von uns, auf der Flucht vor Wölfen, Bären, uns selbst. Und weil wir sie gar nie gesehen hatten, vermißten wir die Götter auch nicht. Dachten, es *ist* so, daß unsre Väter sich erschlagen im Streit um ein Schaf. Viele Tote! So ging es weiter in unsern Tälern, gottlos. Wir wurden mehr und mehr, und die Starken wählten sich Frauen mit starken Becken, und alle trugen Uristierhörner. Das Starksein wurde das Wichtigste.

Bei den Göttern war inzwischen ein neues Göttergeschlecht herangewachsen. Schaurige Knubbelgnome. Keiner konnte sagen, wer sie mit wem gezeugt hatte. Sie hielten sich meist über und in den Nebeln auf, hatten eine Sprache wie Heulen, nasse Augen. Füße, die Lawinen abtrampten. Unsre Dörfer schütteten sie mit Steinen zu und lachten.

Diese Götter (erinnern die Lötschentalermasken an sie?) wurden dann zuweilen sogar an die Tafel der andern eingeladen. Hockten zwischen Göttinnen mit weißen Brüsten und würdigen Göttergreisen. Im Sonnenlicht schwebend aßen nun auch sie Weintrauben und Knoblauche; sprachen aber trotzdem wie Nebelhörner. Später, wenn sie gesoffen hatten, wurden sie laut. Die alten Götter waren froh, wenn sie wieder gingen, heim, zu uns.

Das ist natürlich schon lange her. Seltsamerweise waren dann aber *unsre* Götter zäher als die aus dem heitern Licht. Die gaben vor Homers Zeiten schon auf und zogen sich in ein weißes Loch zurück. Unsre blieben. Allerdings, heute? Ich stelle sie mir ein bißchen wie Alpentapire vor, die in einer Einerkolonne im All verschwinden, watschelnd. Hie und da dreht sich einer nach uns um. Es hat keinen Sinn. Auch sie verschwinden in einem Loch, einem schwarzen.

Der Gott, den meine Tochter meint, der mit dem T-Shirt, wo der ist, und wie er mit meinen Göttern verwandt ist, das möchte ich auch gern wissen.

23. 6. 1986

Mein Vater aus Calau

Ich spreche selten von meinem Vater, nie eigentlich, weil sonst auskommt, was ich ihm alles verdanke. Ich stehe auf seinen Schultern wie sonst nur noch Wolfgang Amadeus auf denen von Leopold – oder, um die Maße zu wahren, Ditters von Dittersdorf jun. auf denen von Ditters von Dittersdorf sen. Wie diese Väter hat auch mein Papa unendlich vieles gewollt, was er dann nicht getan hat. Das tue *ich* nun. Krieche durch die Löcher, die er mit seinem Dickschädel in die Mauern geschlagen hat. Wenn er selbst hindurch gegangen wäre! Wahrscheinlich verwaltete ich heute stumpf und dumpf sein Erbe und haßte ihn.

Er wollte so sehr eine bessere Welt schaffen! Glücklich sein! Kein Kopfweh haben! Farbige Hemden tragen statt so unbequeme mit Manschetten! Hie und da eine Rechnung *rechtzeitig* bezahlen! Berge ohne Herzanfälle besteigen! Charleston tanzen! Den Wein zurückweisen, wenn er zäpfelte! Und, vor allem, Bücher schreiben, Bücher! – Alles hat er mir überlassen, der liebe Vater. Ich trage nun türkisfarbene T-Shirts, weise Alkohol zurück sogar wenn er nur nach Glykol duftet, und werfe Buch über Buch auf den Markt. Nur mit der besseren Welt komme auch ich nicht zurecht.

Natürlich gab es umgekehrt jede Menge Gebiete, auf denen *er* der Chef war: da dilettiere ich heute bestenfalls. Zum Beispiel konnte er das Violinkonzert von Mendelssohn fehlerfrei pfeifen. Sprach altprovenzalische Dialekte wie ein Troubadour. Tippte rasend schnell mit *einem* Finger. Rauchte sogar während er aß, oder im Bett. Konnte die Bibel auswendig. Und vor allem machte er Kalauer, ununterbrochen und gnadenlos.

Ich glaube, er hat *alle* gemacht: die vergangenen, die gegenwärtigen und die zukünftigen. Sie waren fürchterlich, Papas Kalauer: auf Niveau legte mein Vater keinerlei Wert. Sagte, ohne rot zu werden, *Pföbel Mister* statt Möbel Pfister, *Prostata* statt Prost und sprach, wenn vom klassischen Erbe die Rede war, hemmungslos von der Minna von Bornholm oder der Maria Stuttgart. – (Der Schauspieler Curt Bois und der Dramatiker Wolfgang Deichsel planten kürzlich, unter dem Titel *Schuld und Bühne*, ein Kalauerfestspiel. Es scheiterte daran, daß keiner die Kalauer aufschreiben wollte oder konnte, die ihnen dauernd einfielen.) – Ich, heute, mache *nie* einen Kalauer. Aber wenn jemand mit mir redet, und ich mit ihm, höre ich stets die Verballhornungen meines Vaters mit, wie einen geheimen zweiten Text. Kommentare aus seinem Himmel oder der Hölle.

Immer wollte ich deshalb einmal nach Calau fahren, seiner Heimat. Das müßte herrlich sein, dachte ich, in eine Wirtschaft gehen und zuhören, wie die Calauer mit einander reden. Und endlich, von vielen Bieren mutig geworden, würde ich ein paar Kostproben aus meinem

Erbe vor mich hinbrummen und schauen, wie die Einheimischen schauen.

Aber kürzlich hat mir jemand berichtet, daß Calau auch nicht mehr was früher sei. Einer wie mein Vater würde heute ausgebürgert, nicht weil Calau in der DDR liegt, sondern weil man auch dort inzwischen singt und lacht wie in, sagen wir, Mainz. Auch die Calauer sagen alle *Alles klar*. Auch in Calau haben sie inzwischen Fußgängerzonen. Das Wort sagt alles.

Ich weiß schon, sagte mein Vater einmal zu mir, du meinst, ich denke stets und ausschließlich an Kalauer. Das stimmt nicht. In Wirklichkeit denke ich spermanent an Frauen. Wie du.

30. 6. 1986

Die Lehre des Cato

Marcus Portius Cato, ein Römer, der von 232 v. Chr. bis 147 v. Chr. lebte, ist bis heute nicht vergessen worden, weil er, stur bis ans Herz hinan, jede aber auch jede öffentliche Äußerung mit dem Satz *Ceterum censeo Carthaginem esse delendam* schloß, einer durchaus bösartigen Obsession, die seinen Landsleuten immer erneut ins Gedächtnis rief, daß die nordafrikanische Stadt Kart-Khadasr, die wir Karthago nennen, dem Erdboden gleichgemacht werden müsse, weil sie die Existenz Roms bedrohe. Was schließlich auch geschah, ein Jahr nach Catos Tod.

Mir ist Cato in seinem unheiteren Eifer durchaus unsympathisch. Dennoch denke ich zuweilen an ihn. Wie kann *ich* der trotteligen Rolle des Warners und Mahners entrinnen – außer, ich lasse das Mahnen und Warnen sofort sein?

Nämlich, da die Halbwertszeit der menschlichen Angst zwischen zwei Stunden und zwei Monaten beträgt, ist der Tag abzusehen, da keiner aber auch kein einziger mehr nochmals das Wort Tschernobyl, Gösgen oder Wackersdorf hören will. Und dann werden die vielen Warner und Mahner unter uns, die jetzt durchaus Sympathie finden, plötzlich wieder blöd und dumm aussehen. Vor die nicht aushaltbare Angst sind dann wieder die Stahlrolladen der Abwehr heruntergelassen worden, und keiner will noch, daß jemand daran poltert und ihn an das erinnert, was er just zu vergessen versucht.

Ich wechsle zur Zeit mit dem Amt für Zivilschutz Briefe (mit Herrn Keller, der für mich zuständig ist), weil ich meine vertikale Evakuierung nicht üben will, solange der Horizont voller AKWs glüht. Entweder oder. Ich binde ja auch kein Tuch vor die Augen, wenn das Fernsehprogramm *zu* entsetzlich ist, sondern schalte den Apparat ab. – Herr Keller antwortet mir durchaus sympathisch – moderat im Ton, hart in der Sache: wie ich. – Ich würde so gern mit ihm *sprechen*. Leider kann er erst im August.

Leider: *meine* Angst hat auch ihre Halbwertszeit. Ich muß auch aufpassen, daß *mein* Rolladen nicht herunterrasselt. Und deshalb spreche ich zuweilen jetzt schon mit Herrn Keller, in meinem Kopf drin: murmle wie ein seniler Greis vor mich hin. Herrn Keller stelle ich mir eher jung vor.

Ich sage ihm zum Beispiel, daß ich ihn nicht beneidete. Er sei, nach seinen Briefen zu urteilen, ein Mann mit Herz und Verstand. Er sei aber auch Beamter und dürfe, was immer er denke, von der behördlichen Sprachregelung nicht abweichen. Ich sei ungeschützter als er: das sei mein Privileg.

Manchmal sage ich ihm auch, in meinen Kopfgesprächen, daß ich kein Bub mehr sei. »Mit 19 rannte ich auch«, rufe ich, »wenn einer einen Befehl rief. Jetzt, um die 50, kann ich das Gewicht des Knüppels, mit dem mir der Staat droht, mit jener andern, viel tödlicheren Bedrohung vergleichen, die dieser Staat unerschütterlich fördert.«

Zuweilen frage ich ihn, ob er Kinder habe. Oder ich erkundige mich bei ihm nach Lucens, dem Größten Anzunehmenden Unfall eines einheimischen Reaktors, der schon stattgefunden hat. – »*Alles* tun wir Schweizer«, brumme ich, »in die tiefsten Tiefen unsrer Berge hinein: Panzerkäsli und Kulturschätze. Nur die AKWs nicht.«

Cato ist mir zuwider. Am liebsten sitze ich auf der Terrasse und blinzle in die Sonne. Erfinde Geschichten von Bienen und Blumen. Aber manchmal läßt mich das Leben nicht in Ruhe, und dann ziehe ich die blöde Toga des sturen Römers an, wie heute.

14. 7. 1986

Ferien!

Wenn es bei uns am schönsten ist, müssen wir fort in die weite Welt: Schulferien. Ein bizarres Naturgesetz. Auch ich bin also unterwegs. Dieses Mal hat es uns nach Spanien getrieben, in die Sierra Morena. Wir wohnen in einem idyllischen Gasthof mit einer schattigen Pergola. Da spielt jetzt mein Kind mit der Katze, und meine Frau sitzt am Steintisch und nippt heiter an einem kalten Wein. – Nur ich! – Ich wollte eigentlich, wie meine Frau und mit ihr, ausschließlich an diesem Tisch sitzen und einzig einmal pro Woche einen Ferienbrief schreiben, eine Kolumne. Nur ging ich vorhin – oder wann eigentlich? – ein paar Schritte durch die Gassen des Dorfs, und dann ein paar Schrittelchen aus dem Dorf hinaus, zwischen Olivenbäumen – *und als ich mich umwandte, war es verschwunden*. Nichts, nur flirrende Hitze; nicht einmal mehr Ölbaumschatten. Ich hatte das Gefühl, meine Haare stünden in Flammen. Ging dahin und dorthin, stundenlang. – Als ich mich zwischen die Steine werfen wollte, den Tod zu erwarten, hörte ich ein Dröhnen. Eine horizontfüllende Staubwolke wälzte sich auf mich zu. – Ich war so entsetzt, daß ich meinem Ende gelassen entgegensah. – Aus dem Getobe löste sich ein einziger Reiter auf einem hageren Gaul, dem an einem langen Seil ein verstaubtes Untier folgte, ein Esel. – Der ganze Troß hielt mit viel Hü und Ho des Reitersmanns. Der war ein hagerer Mann mit einer spitzen Nase und einem flakkernden, nein, glühenden Blick. – Ich sagte zitternd, *buenas tardes*, ich sei ein verlorener Tourist, und wo das Dorf hin sei. – Er lächelte wie einer, dem ein Kind eine altbekannte Geschichte in einer besonders herzigen Version erzählt, und wies auf den Esel. Ich kletterte hinauf. Und schon fegten wir über diese unendliche Sierra. – Vor mir das Geheul des Gauls, die Schreie des Greises. – Der Ritt ging so schnell, daß der Esel jedes Beineln aufgegeben hatte und in der hochgewirbelten Luft des Pferds mitflog. Nur hie und da stützte er sich mit einem routinierten Hufschlag ab, und dann mußte ich aufpassen, daß ich nicht aus dem Sattel flog. – Es wurde Nacht, und als die Sonne aufging, ritten wir zwischen braunen Hügeln, auf denen Windmühlen standen. Der Hagere wandte sich kreischend um, nein, lachend, und wies auf eine, deren Radbalken zerfetzt kreuz und quer hingen. – Plötzlich ein Meer, auf das der Mann pathetisch hinwies als habe er es für mich erschaffen. – »Aber Sie wollten mich doch ins Dorf zurückführen!« – Der Reitersmann kicherte und gab seinem Pferd so jäh die Sporen, daß auch der Esel überrascht wurde (um wieviel mehr erst ich), mit einem Entsetzensschrei in die Höhe schnellte, auf den panisch gespreizten Vorderfüßen landete und schlingernd Fuß faßte. Natürlich wurde ich abgeworfen. Sofort herrschte jene Stille, die die Erde bei ihrer Geburt beherbergt hatte. Ich schlief ein.

Nun bin ich aufgewacht. Sie können sich das nicht vorstellen! In einem respektvollen Halbrund stehen Wesen um mich herum, die irgendwie seltsam sind; vielleicht, weil sie keine Augen haben. Ich schreibe in panischer Eile; werde meine Kolumne, meine letzte vielleicht, in einer Bierflasche ins Meer werfen. Mit Adresse, ohne Porto. Vielleicht wird sie vor Redaktionsschluß angeschwemmt. – Die Wesen kommen näher.

21. 7. 1986

Der Planet der Toten

Erinnern Sie sich an meine letzte Kolumne? Da saß ich am Ufer eines Meers, und augenlose Wesen kamen näher und näher. – Sie werden es nicht glauben: sie waren Wesen aus dem Andromedanebel – sind es immer noch. Wissenschaftler, wenn ich das recht verstehe (ihre Sprache ist ein hohes Quieken), und ihre Expedition diente dem Zweck, das Verhalten des lebenden Menschen zu studieren. – Den toten kennen sie. – Nun bin ich also (Millionen Lichtjahre entfernt) auf *ihrem* Stern, und sie messen meine Glieder, zeichnen meine Nase, starren in meinen Bauchnabel, und als ich vorhin aufs Klo mußte (es gibt keins), brachen sie in ein fassungsloses Quietschen aus. – Übrigens trugen sie auf der Erde unten Masken, lausige. Hier sind sie hemmungslos grün und haben hohe Stielaugen. Sind höflich. Eine Frau (ich glaube, sie ist eine) ist geradezu nett mit mir und hat als einzige begriffen, daß mir das Andromedaessen, so ein brauner Staub, nicht zusagt. Sie steckt mir heimlich violette Schlabberkugeln zu, die mir auch nicht schmecken. Gestern (ich war allein) ging ich durch den Lichtvorhang, der dem Laboratorium als Tür dient, und war in einer Landschaft, die mehr oder minder dem Emmental glich. Zuerst schritt ich mutig fürbaß, aber dann merkte ich, daß mein

Landeort der Planet der Toten ist. (Die Andromedaner halten sich unsre Ahnen wie im Zoo; mich untersuchen sie, weil sie endlich wissen wollen, wie wir sind, wenn wir *leben*!) Die Toten trugen alle die Kleider, die sie im Augenblick ihres Abschieds von der Erde getragen hatten: einen zerfetzten Maßanzug, ein hinten offenes Krankenhausnachthemd, eine Infanterieuniform, eine Rüstung, eine Toga. Nichts. – Viele standen leer und grau und glotzten vor sich hin. Andre schlugen mit Äxten auf Frauen ein. – Ich faßte mir ein Herz und fragte einen Uralten, der in einem Morgenmantel dahergetappert kam, wie dieses Staatswesen denn funktioniere. »*Eh bien*«, sagte er. »Das ist so: all das, was der Tote auf Erden besessen hat, hat er hier nicht mehr. Hier hat er statt dessen, wovon er auf Erden geträumt hat. Ich zum Beispiel habe mein Pferd und mein Käppi verloren und schlafe jede Nacht mit einer Frau, die Gilberte heißt.«

»*Mon général!*« rief ich. »Sind Sie es?!«

»Ja«, sagte General Guisan. »Kennen wir uns?«

»Und ob«, rief ich. »Ihr Bild hing noch jahrelang in jeder anständigen Beiz. Wie geht es Gilberte?«

»Oh, die«, sagte General Guisan. »Sie hat die Nase voll von uns Soldaten. *C'est la vie*, ich meine, *c'est la mort.*«

»Und die andern von damals? Dieser Hitler, und die alle?«

»Hitler«, murmelte der General. »Der hat ein unruhiges Leben. Er kam in so vielen Träumen vor. Wird nun täglich verhauen. Die Andromedaner erwägen, einige synthetische Adolfe zu bauen, um ihn zu entlasten. Seine eigenen Träume kommen zu kurz. Er möchte gern wie Botticelli malen.« Er lächelte. »Aber jetzt muß ich. Hat mich gefreut.«

Da ging er, mein General, schlug tatsächlich ein Rad und juchzte.

Ich werde diesen Bericht der grünen Frau geben. Sie schaut mich immer so lieb an, mit ihren Stielaugen. Bei ihrem nächsten Flug durch die Lichtjahre soll sie ihn in einen Briefkasten werfen. Die Marke habe ich, *faute de mieux*, gezeichnet. Eine spanische. Hoffentlich landet sie diesmal nicht in, sagen wir, Honduras. – Aber wie werde *ich* auf die Erde zurückkehren, und wann?

21. 7. 1986

Endlich zurück!

Ich weiß nicht, liebe Leserinnen und Leser, ob Sie es mit-bekommen haben: die letzten zwei Kolumnen lang habe ich, durchaus unfreiwillig, meine Ferien im Andromeda-nebel verbracht. Entführt von grünen Wesen, die dem Wesen des Menschen auf die Spur kommen wollen. Aber jetzt hat die Erde mich wieder, und ich sie. – Näm-lich, gerade eben (vor Jahrmillionen?) kam die netteste von den grünen Wissenschaftlerinnen ins Labor und flüsterte in meinen Bauchnabel hinein, sie verstehe mich endlich, ich sei einsam wie sie!, und sie bringe mich heim.

Und gleich danach fegten wir in einem tassenförmi-gen Zweisitzer schneller als ein Sonnenstrahl durch den Raum; sahen uns selbst hinter uns herfahren, weil unser Abbild nur mit Lichtgeschwindigkeit vorwärts kam. Ich winkte mir. Der Ich hinter mir hockte mit einem verbie-sterten Gesicht neben der grünen Frau.

»Es gibt bei uns Andromedanern eine Sage«, sagte diese plötzlich. »Sie handelt von eurer Erde. Sie geht so. Irgendetwas, was ich vergessen habe, löst eine Krank-heit aus, die Hummer heißt.« – »Krebs«, sagte ich. – »Genau. Krebs. Da dieses Etwas überall ist, im Essen, in der Luft, gibt es bald auf der ganzen Erde niemanden mehr, der nicht damit in Berührung gekommen ist.

Überall erkranken die Menschen gleichzeitig. Ärzte schreiben in Zeitungen darüber. Zuerst glaubt es niemand. Dann, wenn jeder den eigenen Schmerz spürt, bricht die gesamte soziale Ordnung auseinander. Im Tram sprechen die Leute mit einander! Väter schlafen mit ihren Töchtern! Niemand kümmert sich um den Wirtschaftsschluß, und keiner bezahlt! – Schreiend stirbt die Menschheit aus. Am 9. August 1991, einem Montag, gibt es keinen einzigen Menschen mehr auf der Erde.«

Ich schaute so entsetzt, daß sie lachte und sagte: »Ganz hinten im Schächental leben ein paar Bergbauern, die nie mit dem krebserregenden Zeug in Berührung gekommen sind. Vielleicht atmen sie nicht. Sie merken nichts vom Aussterben der Menschheit. Haben ihren uralten Ackerbau an steilen Hängen, und nie kommt einer auf die Idee, in die Ebenen hinunter zu steigen.«

An dieser Stelle der Geschichte gab es einen gewaltigen Rumms: wir standen (eine Mischung zwischen Landung und Absturz) direkt vor meinem Gasthof in der Sierra Morena. Die Andromedafrau sah mich mit Stielaugen an, aus denen jäh die Tränen kullerten. Quiekte. Stülpte plötzlich eine rosa Tentakelöffnung auf meine Wange und rief: »Den Rest erzähle ich dir nicht! Er ist zu schrecklich. Geh! Geh schnell!«

Während das Raumschiff abhob, stolperte ich in die weintraubenschattige Pergola. Mein Kind streichelte immer noch die Katze, und meine Frau drehte sich nicht einmal nach mir um. Da begriff ich, daß ich nach Erdenmaßstäben nur eine Hundertstelsekunde weggewesen war. Ich küßte meine Frau trotzdem wie ein Blöder und hob mein Kind in die Höhe. Dann erzählte ich den beiden die Sage, mit einem Schluß, den ich selber erfand. »Jahrtausende später«, sagte ich, »landen die Andromedaner auf unsrer Erde. Alles grün, leuchtend, voller Blumen. Sie denken, *das* ist das Paradies. Und als sie ins Schächental gelangen und die Bergbauern sehen, sinken sie auf die Tentakel und bringen ihnen Opfergaben. Violette Schlabberkugeln.«

Meine Frau sah mich an. »Gaats na?« sagte sie endlich. Ich saß neben ihr und fing an, mich das auch zu fragen.

28. 7. 1986

Die Schöpfung, alternativ

Wir alle kennen zwei Versionen der Schöpfungsge-
schichte der Erde. Die eine besagt, Gott habe sie in
sechs Tagen erschaffen, und am siebenten habe er ge-
ruht. Die andre behauptet, sie sei durch den Urknall aus
dem Nichts entstanden. Bang! Beide Theorien haben
ihren Charme, und aufgeklärte Theologen bzw. abge-
klärte Naturwissenschaftler haben keine Mühe, beides
zu glauben.

Es hat aber immer auch Menschen gegeben, denen
diese Erklärungsmodelle nicht genügten. Sie schufen
sich ihre eigenen, und die waren oft auch nicht spinniger
als die beiden derzeit kanonisierten. Der Engländer Da-
vid Hommer etwa schrieb 1701, die Erde entstamme
dem Spieltrieb eines Allmonsters, das sie mit Hilfe kosmischer Schmierseife aus seinen zu einem O geformten
Daumen und Zeigefinger geblasen habe; sie sei jede Sekunde vom Zerplatzen bedroht. – Giacopo Vizarri, ein
in Malta gestrandeter Venezianer, nahm (1547) an, wir
seien das Terrarium eines zufälligen Bewohners einer
größeren Erde; der Himmel sei die Lupe, durch die er
uns betrachte; jedes Kind halte sich dort irgendwelche
Viecher, und entsprechend viele Erden gebe es. – Der
Chinese Hun Sin, der im Reich der Mitte bis zur maoisti-

schen Revolution viele Anhänger hatte, wollte nachweisen, daß alles, was jetzt außen, einst innen gewesen sei. Auch das Licht, und darum habe man die Erde, die es *immer* schon gegeben habe, nur eben umgestülpt, ganz einfach nicht bemerkt. Ein bretonischer Adliger namens Serge de Gentilly, der mit Diderot Briefe über die Gleichheit des Menschen wechselte und später geköpft wurde, beschwor seine Zeitgenossen, die Erde sei nicht mehr als eine durch das Reden entstandene Fiktion und verschwände auf der Stelle, wenn wir schwiegen. (Tatsächlich redete *er* unaufhörlich.) – Der Ire de Selby dagegen meinte (zu Beginn unsres Jahrhunderts), die Luft, die seit ewig im All sei, bestehe aus Abermilliarden kleinster Blasen, in denen Teile der Materie eingeschlossen seien. Ein Körnchen Humus, ein Hosenknopfsplitter, ein Stück Hornhaut eines Elefanten. Wenn nun ein kosmischer Sturm die Lüfte beutle, zerrissen etliche der Blasenhüllen und ließen (völlig zufällig) Materienbestandteile frei. Bei großen Stürmen verbänden sich diese zu hochdifferenzierten Gebilden wie der Erde; bei geringen Winden mit kleinem Luftschaden zu simplen wie dem Mond. – Der Schweizer Gustav Schlumpf schließlich glaubte felsenfest, daß das All einst ausschließlich von Schmetterlingen bevölkert war. Ursprünglich zeitlos flatternd, klumpten sie plötzlich aneinander und versteinerten zu Sternen und Planeten. – Im Kaltbrunnental, das er für einen erstarrten *burrigus alpestris* hielt, nahm Schlumpf sogar Probebohrungen vor. Leider verkrachte er sich mit dem Bauunternehmer, der ihm half, kurz bevor er den von Blumen und Brennesseln zugewucherten Chitinpanzer erreicht hatte, so daß seine Theorie bis heute unbewiesen geblieben ist.

Dennoch ist dieser Gustav Schlumpf so interessant, daß ich dabei bin, ein ganzes Buch über ihn zu schreiben. Ohne mich, so könnte man es fast sagen, gäbe es ihn gar nicht. Und trotzdem ist mir während meiner Arbeit klar geworden, daß die Bibel doch recht hat. Nur sind die sechs Schöpfungstage noch gar nicht vorbei! – Oder haben wir doch schon den siebenten Tag erreicht, und während ER ruht und ruht, treiben wir jenem Urknall entgegen, der die Wissenschaftler befriedigen wird, ohne die Theologen ins Unrecht zu versetzen?

4. 8. 1986

Die Nilpferde und ihre Vögel

Im Maul von Nilpferden sitzen zuweilen kleine Vögelchen und picken aus den Zahnlücken das heraus, was
den ungelenken Monstern beim Futtern hängen geblieben ist. Diese stehen da, stundenlang, mit Mäulern wie
offene Scheunentore, bewegungslos. Auch die ältesten
Nilpferde können sich nicht erinnern, daß jemals ein
Ahn ein Vögelchen verschluckt hätte.

Aber nicht von kleinen und großen Tieren wollte ich
sprechen, sondern von Rechten und Pflichten. Ich, der
ich kein Nilpferd bin, sondern eher ein Vogel, schätze
meine Rechte (schreiben dürfen was ich will; wohnen
wo ich will; streiten, auch mit dem Staat; abstimmen und
wählen), und ich werde durchaus grimmig, wenn jemand sie mir wegnehmen möchte. Aber seltsam: meine
Pflichten *liebe* ich geradezu! Bezahle meine Steuern!
Wüßte genau, was ich zu tun hätte, wenn der Feind uns
in der Klus von Balsthal angriffe! Schnüre meine Zeitungen auch wenn ich ahne, daß sie dann doch zu Staub und
Asche werden! Werfe mitten in der Stadt meine Salatre-
ste auf den Kompost! Bringe seit langem meine Batterien
in den Laden zurück! Fahre nur schwarz, wenn ich echt
und ungelogen kein Münz in der Tasche finde! Zahle AHV!
Habe eine Swatch! Kaufe alle Abzeichen! Und schnalle

mich beim Autofahren so automatisiert an, daß ich zu-weilen sogar, wenn ich mich am Schreibtisch vor die Schreibmaschine setze, nach dem Gurt taste! Ja, offen-bar berausche ich mich nahezu an diesem Gefühl kollek-tiver Verantwortung für ein Ganzes (nennen wir es Staat) – vermutlich auch, weil in jenem andern Land, das ich so lange bewohnt habe, der Staat längst eine (durch-aus blinde) Kuh geworden ist, die jeder so sehr melkt wie es ihm eben gelingt. Jeder ein Sozial-Rambo, allianzver-sichert.

Auch der Staat hat Pflichten. Die edelste und banalste ist, das zu tun, was eine Mehrheit von uns will. Aber ob-wohl wir eine bestürzende Fähigkeit erworben haben, das zu wollen, was die Regierenden wollen, scheinen wir in ihren Überlegungen immer weniger vorzukommen. Gibt es uns überhaupt noch? Reden die, die unsre Stell-vertreter sein sollten, hie und da mit einem von uns? – Ach, wenn *wir* den sanften Druck eines Verwaltungs-ratsmandats auf unsern Herzen spürten: ob es uns dann immer noch so leicht fiele, interesselos ans Gemeinsame zu denken?

Im Sudan gab es einmal ein Nilpferd, das aß plötzlich nur noch den Klärschlamm von irgend so einem Werk dort oben. Bald stank es fürchterlich aus dem Maul. Die Vögel verließen es. Es kriegte Zahnweh, wurde wahn-sinnig, verfolgte die Vögel, wo es nur konnte, griff Lö-wen an, auch Dattelpalmen, und ertrank, als es sich in Unterwasserlianen verheddderte, mit denen es seine Zähne reinigen wollte. Noch im Sterben schimpfte es über diese verfluchten Vögel, die ihre Pflichten nicht erfüllten. Das nährende Maul nicht ehrten.

Es ist, sogar bei uns, wieder einmal viel von Terroristen die Rede: so als seien diese stets ganz andere. Sie sind aber *wir*, die abgedrängten verzweifelten unbefriedigten Teile von uns. *Wir* drehen durch, wenn auch nicht immer wir persönlich.

Jenes irre Nilpferd blieb ein Einzelfall. Die andern verstanden die Wut der Vögelchen und fraßen weiterhin die vertrauten Algen. – Schon mein Biologielehrer, zugegeben ein skurriler Mann (Alkohol und Frauen waren für ihn Teufelswerk), lehrte uns, daß Nilpferde wesentlich weiser als Menschen seien. – Damals lachte ich noch, ich Walroß.

11. 8. 1986

Hiroshima minus 30 Sek.

In Hiroshima, an jenem Tag, schien eine helle Sonne aus einem strahlend blauen Himmel. Straßenbahnen klingelten; Kinder hüpften; Mütter schimpften, weil wieder ein Marmeladefleck auf dem Hemd war; Männer und Frauen lagen auf Hotelbetten und hörten zu, wie hinter den Sonnenstoren ihres Verstecks Passanten vorbeilärmten; Erdnußverkäufer schrieen; Geschäftsfreunde stritten sich um ein Prozent; und einer, der mit einem Freund plauderte, schaute in diesen Himmel und sah weit weit oben ein Flugzeug, das abdrehte. Sagte lächelnd etwas zu seinem Freund, der vor einer Mauer stand, in die sein Schatten heute noch eingebrannt ist.

Sigmund Freud sprach (vor etwa siebzig Jahren) von den drei »Kränkungen«, die die Selbstherrlichkeit von uns Menschen im Lauf der letzten Jahrhunderte in Frage gestellt haben: zuerst war es die Entdeckung des Kopernikus, daß unsre Erde keineswegs das Zentrum des Alls ist, sondern eben jener kleine, fast zufällige Materienbrocken, in einem jäh unendlich gewordenen Raum um die Sonne rotierend. Dann (etwa dreihundert Jahre später) wies uns Darwin darauf hin, daß wir Menschen nicht Ziel und Zweck einer auf uns konzentrierten Schöpfung seien, sondern ein Ast eines vielfältigen Evolutionsgewächses, Eseln und Affen vergleichbar. – Und schließlich war es eben dieser Freud, der uns klar machte, daß nicht einmal wir selbst, als Einzelne, tun und lassen können, was wir wollen, sondern daß unser Unbewußtes uns ständig die absonderlichsten Befehle gibt. Nicht einmal in unserm Kopf und Körper sind wir der Chef.

Nicht, daß ich sie nicht verstünde, diese Kränkungen. Und doch kommt es mir oft so vor, als seien wir (Kinder, die erfahrungslos bei Null beginnen und oft lebenslang nahe bei Null bleiben) von all diesen kollektiven Erfahrungen nicht im geringsten berührt. Wir haben in der Schule davon gehört und bestreiten das alles ja gar nicht. Aber *spüren* tun wir etwas ganz anderes. In unsern kindischen Herzen bleibt unsre Erde unser Zentrum, auf dem *wir* der Mittelpunkt sind, autonom unser Leben gestaltend. Was denn sonst?!

Insbesondre die, denen ihr Lebensgesetz befiehlt, tätig in die Geschicke unsrer Erde einzugreifen (Politiker, Industrielle, Militärs, ja, und gewiß auch »Terroristen«) wirken oft völlig unberührt von intellektuellen Abstraktionen, die mit ihrer Lebenswirklichkeit nichts zu tun zu haben scheinen. – Ich habe eben versucht, eine Liste jener zu machen, die ich ahnungsvoll meine. Sie füllten (Namen, nur Namen) eine eigne Kolumne.

Die drei Freudschen Kränkungen sind uns schnurz, und denen auf meiner Liste vielleicht doch noch schnürzer als uns. Dafür dämmert uns mehr und mehr, daß wir von einer vierten bedrängt sind: jenem Hiroshima-minus-30-Sekunden-Gefühl, das uns auch im entspanntesten Augenblick bewußt bleiben läßt, daß hinter dem Horizont vielleicht jemand rückwärts zählt. 30, 29, 28. Uns ahnungslos lassend noch bei eins.

Jedoch sogar dies scheint die Tätigen eher abstrakt zu berühren. Vielleicht, weil ihnen just das *Handeln* über die eignen Ängste hinweghilft? So daß sie noch den eignen Untergang, führten sie ihn nur selber herbei, als einen Triumph erleben könnten? – Harry Truman, der die Bombe auf Hiroshima werfen ließ, hat, dem Vernehmen nach, weiterhin gut geschlafen. Sein Pilot allerdings wurde verrückt. Ich wollte sagen, normal. Er begann zu leiden.

18. 8. 1986

Die Dichter und ihr Staat

Dante erklärte den ewigen Frieden zum Ziel aller Politik und wurde zum Tode verurteilt; Diderot mußte ins Gefängnis, weil er von Bürgern als autonomen Menschen sprach bevor sie es waren; Schiller, von dem wir vergessen haben, daß er Arzt war, floh bei Nacht und Nebel aus Stuttgart: wollte nicht mehr gottergeben kaputte Soldaten zusammenflicken; Büchner schrieb nicht nur *Friede den Hütten! Krieg den Palästen!*, sondern meinte es auch so und wurde steckbrieflich gesucht; Dostojewski war in Sibirien, weil er sich ein Rußland ohne Zaren vorgestellt hatte; Victor Hugo; Schubart; Rousseau. Da die Dichter seit eh und je laut denken, und moralisch, und nach *ihrem* Lebensgesetz, leben sie selten in heiterer Harmonie mit ihrem Gemeinwesen. Verstoßen immer wieder gegen die gerade herrschenden Regeln, weil sie nicht von ihren Utopien ablassen können oder wollen. Zuweilen schießen sie über alle Ziele hinaus, oft sehen sie wie eine Herde Kohlhaase aus, und hie und da wird das, weswegen sie verfolgt worden sind, kurze Jahre später das Selbstverständliche.

Wer schreibt, sei er ein Bünzli oder ein Büchner, hat den Auftrag seiner Ahnen wie eine Verpflichtung in sich eingeschrieben. Wie ein fahrender Zimmermann gehorcht er dem ungeschriebenen Gesetz seines Berufsstands, das ihm bedeutet, seine Wörterwelt nicht durch schnelle Lebenskompromisse zu verraten. So steht jeder Poet, ähnlich den Lokomotivführern, stets mit einem Bein in den blauen Blumen und mit dem andern im Gefängnis. Keiner, auch wenn er eigentlich ein scheuer Has ist, sieht gern wie ein Kohl aus.

Anch'io sono poeta: sehe auch einigen Anlaß zum Widerstand. Habe zum Beispiel derzeit das Gefühl, wir trieben geradewegs in eine Art kollektiven Wahnsinn hinein. Ich glaube nicht, daß unsre Regierenden das wollen, als Wahnsinnige Wahnsinnige regieren: sie werden uns aber trotzdem verrückt machen, wenn sie so weitermachen. Wenn sie uns weiterhin nahelegen, alle Bedrohungen, auch die hausgemachten, als neue Naturgesetze hinzunehmen. Unsre Fähigkeit, mit Atomen herumzufuhrwerken, hat so ziemlich alles auf unsrer Erde verändert – außer uns selbst. Wir Menschen sind die Esel geblieben, von denen uns die Bibel schon berichtet. Logisch also, daß wir dem Druck der selbstfabrizierten Bedrohung nicht gewachsen sind und mehr und mehr nur noch den aushaltbaren Teil der Wirklichkeit anschauen: wie die Irren. Die sehen auch nur was *sie* wollen. – Schon jetzt ist es ja herzzerreißend, sich der allgemeinen Bedrohung bewußt zu bleiben *und* ein heiteres Alltagsglück zu leben. Kein Wunder, daß wir längst alle schielen, und zwar nach der Lebensseite hin, wo es leicht und locker hergeht. – Im Schlagschatten der Gefahr (den wir, um uns zu retten, für die normale Beleuchtung halten) verwandelt sich unser Freizeittreiben allerdings notwendigerweise in etwas Falsches: weil es jenes andere, das wir nicht mehr benennen möchten, zudecken muß. Logisch also auch, daß wir immer hektischer herumsurfen und schon zum Frühstück Hummer bestellen. Wir sind nicht nur verrückt, sondern auch süchtig gemacht worden. Unsre Sucht ist proportional zu der in den Atomkraftwerken verbrannten Zeit angewachsen.

Schweben immer noch, gelassen ihr russisches Roulette spielend, unsre sieben Räte über uns? Stehe ich, der ich mich auch retten möchte, bald einmal mit beiden Beinen fest auf meinem Surfbrett und pflüge die blauen Wasser des Sees? – Schiller? Büchner? Dante? Da war doch etwas?

25. 8. 1986

Mein Vater der Schmuggler

Einer einstimmigen Forderung meiner Leserschaft folgend (die eine Stimme gehört der Dame, die mir das Schreibpapier verkauft) erzähle ich noch einmal von meinem Papa. – Mein Vater war kein mutiger Mensch (fürchtete sich vor Gewittern), oder eigentlich doch, denn manchmal, völlig überraschend, wurde er regelrecht tollkühn. Zuweilen vor hohen Tieren, oft beim Überqueren von Straßen, und immer an Grenzen. Er war ein geradezu zwanghafter Schmuggler (damals schmuggelte man Reis oder Nylonstrümpfe; nicht herabgeschluckte Kondome voller Rauschgift) und liebte den *thrill*, mit dem Blick eines unschuldigen Hasen vor dem Zöllner zu stehen. – Was muß er im Krieg gelitten haben! Alle Grenzen zu! Jedenfalls, kaum war der Krieg vorbei, hatte er auch schon eine Liste von ausgebombten Freunden, denen er, warum nur war das verboten?, Güter des täglichen Gebrauchs schickte. (Er hatte die Faschisten so gehaßt, daß er, der nichts trank, im Mai 1940, als alle dachten, jetzt kommen sie, so tatkräftig mithalf, den Weinkeller leerzutrinken, daß er das einzige Mal in seinem Leben betrunken war. Aber er haßte die Nazis – nicht die Deutschen. Übersetzte ein französisches Buch nach dem andern in ihre und unsre Sprache.) Wir höhl-

ten Bücher aus, möglichst große, und füllten sie mit
Kaffee und Zigaretten. Sie kamen immer an, zuweilen jedoch leer. Mein Vater fand das nicht schlimm, er hatte
nichts gegen Zollbeamte. – Der Absender war stets Urs
Usenbenz, Pilgerstraße 7. – Dann waren die Grenzen
wieder offen für Reisende, und mein Vater zog los,
Kittel und Hose so mit Zigarettenpaketen vollgestopft,
daß er wie der Michelin-Mann aussah. Nie wurde er
untersucht, obwohl das damals die Regel war; nur einmal, und da hatte er nichts bei sich außer ein paar Seifen.
Er stand nackt in einem Büro, nur die Schuhe hatten sie
ihm gelassen. – Schon während des Kriegs lebte mit uns
ein älterer Mann in Schmuddelhose, der ständig in der
Küche stand und kochte. Er war ein Erfinder und dabei,
den trockenen Kartoffelbrei zu erfinden, dem man nur
etwas Wasser zufügen mußte. Oft saßen wir da und aßen
etwas Pfluttriges. Der zerknitterte Mann sah uns lau-
ernd an, und mein Vater rief, herrlich, wirklich delikat.
Meine Mutter sagte, wissen Sie was, tun Sie das in den
Abfall. – So hat dann ein anderer das Stocki erfunden. –
Der Mann verschwand nach Kriegsende in seine Heimat, natürlich, und kriegte auch ausgehöhlte Bibeln
oder Telefonbücher. – Noch später saßen die, denen wir
Pakete geschickt hatten, unter dem Nußbaum und
knackten Nüsse; hagere gescheite geschundene Männer
(Frauen keine). – Als ich schon fast ein Großer war,
stand ich einmal vor dem Haus, und ein riesiges Auto
kam angerollt, grün mit braunen Ledern, und den braunen Ledern entsprang braungebrannt in grünem Anzug

einer unsrer Paketfreunde. Schlug die grüne Tür hinter sich zu und kam mit ausgebreiteten Armen auf mich zu, braun. Da waren wir wieder die armen Verwandten geworden, und die schöne Zeit, wo wir hatten mildtätig sein dürfen, war vorbei. – Auch vom Kartoffelbreimann wurden wir nun eingeladen, zum Skifahren, er wohnte in einem österreichischen Sonnenzentrum in einem Haus mit achtzehn Zimmern, und seine Tochter hatte ein Auto und einen Freund mit einem Auto, und ich rutschte die Olympiaabfahrt hinab auf meinen Skis mit den abgewetzten Blaukanten. – Mein Vater hatte seinem Freund eine Flasche Whisky über die Grenze geschmuggelt, einen *Old Smuggler*.

1. 9. 1986

Schneewittchen und die
neunzehn Zwerge

In der Regel hat jeder von uns *ein* Märchen, das ihn wirklich etwas angeht: die Geheimnisse des eigenen Lebens offenlegt *und* gnädig verschleiert. Bei mir war (und ist) es jene Geschichte vom kleinen Mädchen, das, weil seine Mutter das so will, getötet werden soll, und das vom lieben machtlosen Jäger in den Wald hineinbegleitet wird und dort seine sieben Zwerge findet.

Ich war Schneewittchen, natürlich, noch mehr aber war ich die sieben Zwerge. Als Schneewittchen war ich gerettet vor der Bedrohung, umzukommen in meiner kindlichen Hilflosigkeit. Als Zwerg hatte ich gleichgesinnte Brüder und konnte in ewiger Bärtigkeit ein Kleiner bleiben.

Dann (Zufall oder Notwendigkeit?) bekam ich von meiner Mama einen Gummizwerg geschenkt, einen von jenen, die in Walt Disneys Film auftreten. Auf der Stelle wollte ich zu Geburtstagen und Weihnachten nur noch Zwerge kriegen, und sehr bald hatte ich neunzehn dieser Gummignome, in sechs verschiedenen Modellen. Sie hatten Namen wie Dunkelblöe oder Bös oder Grünsepp – es würde zu weit führen, wollte ich hier erklären, warum. Dunkelblöe hatte zwar ein dunkelblaues Wams, aber Bös war nicht bös, und Grünsepp trug ein gelbes

Jöppchen. – Jedenfalls, die Zwerge taten, was ich gern tat, und noch weit mehr all jenes, was ich gern getan hätte. Hüpfen, tanzen, lachen, springen. Grünsepp etwa war ein Spitzensportler. Gewann, wenn ich mich recht erinnere, zweimal die *Tour de Kinderzimmer*, das bedeutendste Velorennen der Zwergenwelt.

Ein Rätsel aber blieb und verfolgte mich bis ins hohe Alter: es mußte doch einen siebenten Zwerg geben, wie im Film – es war ausgeschlossen, daß die ferne Gummifirma einen vergessen hatte! Nur, wo war er? – Einmal, inzwischen ein Großer geworden, ging ich arglos durch eine Straße und sah plötzlich (ein Blitzschlag ins Herz) in einem Schaufenster mein Schneewittchen stehen, zwischen meinen sechs vertrauten Zwergen, *und einem fremden*: der grinste verlegen und hielt die Hände so wie einer, der eben seine Hosentasche umgedreht hat und sagen will, daß er keinen roten Rappen mehr hat. Ich kaufte ihn.

Ende der Sechzigerjahre, als einige die Welt nochmals retten wollten, schrieben ein paar besonders Eifrige auch die alten Märchen neu. Alles Böse und Gemeine in ihnen wurde gut und aufbauend. Schneewittchens Stiefmutter etwa war echt betroffen, als sie merkte, was sie angerichtet hatte, und schickte ihrer Tochter einen Korb voll Äpfel ganz ohne Gift, aus biologischem Anbau. Oder so ähnlich. Natürlich waren das lächerliche Bemühungen. Märchen *müssen* grausam sein. Mit ihrer Hilfe üben wir, mit unseren Ängsten zu leben: an ihnen eben *nicht* zu sterben.

Ich muß aber zugeben, daß sich *mein* Märchen in meinem Kopf im Lauf der Jahre auch erheblich verändert hat. Der schreckliche Anfang ist verblaßt, der mörderische Schluß verschwunden. Die Zwerge und ihre freundliche Solidarität haben alles verdrängt. Keine Hexe mehr! Der Prinz wird zwar möglicherweise für eine Nacht beherbergt (Schneewittchen ist eine Frau geworden), aber am Morgen, wenn sie ihn dasitzen sieht in seinen Flanellunterhosen, sagt sie, danke, das genügt. – Einzig der Jäger, dieser vom originalen Märchen so diskret behandelte Papa, sucht und sucht im schwarzen Wald. Sucht, schluchzend. Vielleicht findet er eines Abends tatsächlich die Lichtung und stürzt seinem Kind in die Arme. Wird ein Zwerg wie die andern.

8. 9. 1986

Gesichter

Schuf Gott den Menschen tatsächlich, wie die Bibel das behauptet, sich zum Bilde? – Natürlich, keine Regel ohne Ausnahme: aber wir (sagen wir: die meisten von uns) *haben* keine göttlichen Gesichter. Schlimmer noch: wenn ich alte Bilder anschaue (flämische Porträts von Handwerkern, Bäuerinnen, Adeligen), denke ich sogar zuweilen, daß wir (verglichen mit diesen klaren Köpfen) gar keine Gesichter haben. Wir haben zwar Augen und Ohren und Nasen und Münder und Wangen, aber sie sind (nicht bei allen, gewiß) seltsam unentschlossen, wie eine Skizze statt wie ein fertiges Bild. Kriegen vermutlich von unsern Herzen keine klaren Anweisungen, wie sie verkarsten sollen. Wabbeln also, widersprechenden Signalen ausgesetzt, einige Jahrzehnte lang hin und her, bis wir so ziemlich gleich aussehen: diffus. – Aber wie soll man das auch machen, ein eigenes Gesicht kriegen, rein wie ein Bergbach und deutlich wie ein Holzschnitt, wenn jeder darauf herumtrampeln darf? Unsre Arbeitgeber zum Beispiel, denen, während sie uns die Nase lang ziehen, irgendwelche Konkurrenten aus Nahost gegen die Kinne hauen, die ihrerseits gerade von Geschäftspartnern aus Fernost gebeutelt werden, denen just Kunden aus dem wilden Westen klar machen, daß sie sich ihre Zähne bald einzeln vom Boden auflesen werden, wenn sie weiterhin ein so saures Gesicht machen? – Ich habe noch Glück. Mein Arbeitgeber ist Kalliope, eine Muse aus Griechenland, die zerstreut in der Gegend herumküßt. Spuren hinterlassen ihre Küsse keine, wenigstens nicht bei mir. Die Nase muß ich mir selber einschlagen. Trotzdem. Wenn *ich* in den Spiegel schaue, glotzt mich Kermit der Frosch an. Er ist schwer gealtert und hat eine Glatze.

Vielleicht fahren wir so gern in ferne arme Länder, weil wir dort wieder einmal *Gesichter* sehen? Eindeutige, wie auf den alten Bildern: von eigener Freude und Qual geprägte? – Meine Großmutter, die einen Mops hatte, sah wie ein Mops aus. Das war zwar auch nichts Eigenes, aber sie war immerhin das Abbild des eigenen Mopses. Heute hat das Fernsehen den Hund verdrängt. Es gibt Menschen, viele, die wie ein ins wirkliche Leben hineinprojiziertes Fernsehbild wirken. Wenn man sie anfaßte, führe unsre Hand durch ihre Schattengestalt. Sie sagen Sätze wie »Ich gehe davon aus« (konservativ) oder »Ja also du mein Input in die Band ist rein feelingmäßig echt heavy« (progressiv). Wenn ich so einem gegenüberstehe, ertappe ich mich dabei, daß ich im Hosensack nach der Fernbedienung taste, um ihn abzustellen. Allein schon, damit nicht *er* mich wegtastet.

Die Wissenschaft der Physiognomie war schon in ihren Anfängen eher spleenig. Lavater, ein Geistlicher, dem die Damen der Salons des späten 18. Jahrhunderts aus der Hand fraßen, systematisierte Nasen und Münder und schloß aus Ohren und Wangen auf Berufe und Berufungen. Aber seine Sammlung der Standardmodelle aus der Werkstatt des HERRN war ein dickes Buch! Zuweilen denke ich, daß er, befaßte er sich heute mit unsern Antlitzen, mit einem Merkblatt auskäme.

Einmal war ich in einem Konzert, und da saß, einige Reihen weiter, noch einer wie ich. Meine Nase, mein Kinn, meine Haare. Ich war so erschrocken, daß ich auf der Stelle keinen Ton mehr hörte. Nach dem Konzert stellte ich mich an den Ausgang. Wollte mich nochmals sehen. Endlich kam mein Doppelgänger. Er sah mich und wurde kreideweiß. Taumelnd ging er weiter. Sah nicht zurück.

15.9.1986

Das Schreiben ein Traum

Seit langem träume ich davon, einmal eine Kolumne zu *träumen*. So daß ich am Morgen nur aufstehen müßte und das Schöne, das mir mein Traum gesagt hat, aus der halbwachen Erinnerung Wort für Wort abschreiben. Heute nacht war es soweit. Ich träumte die Kolumne, diese hier, und wußte während des Traums, ich habs geschafft!, ich *träume*, was ich mir sonst, wach, mühselig aus den Pfoten saugen muß. Ich ließ mich von meinem Glück überschwemmen *und* erfror mehr und mehr in kaltem Entsetzen, denn das war der Traum: ich stand mit mehreren Männern zusammen – keinen Frauen –, die alle schwarze Anzüge trugen und sich über meine Kolumnen unterhielten; nicht mit mir, aber es war ihnen klar, daß ich zuhörte. Zwei von den Schattenmännern kannte ich: der eine ist auch wenn ich wach bin ein guter Freund, und der andere der Besitzer einer deutschen Illustrierten, einer von denen, die im Privatjet nach Casablanca fliegen und Agnellis Töchtern Küßchen geben. Beide und auch die übrigen düstern Herren waren sich einig, daß meine Kolumnen düster seien, entsetzlich pessimistisch, und daß das so nicht weitergehe. Sollten sich alle Leser jedesmal nach der Lektüre umbringen, oder was? Oder sei *ich* lebensmüde? – Ich stand belämmert da, durchwühlt von den Pflugscharen ihrer Argumente, und wußte, sie hatten recht. Meine Kolumnen waren mir – im Traum! im Traum! – immer verzweifelter geraten – die Welt eine Suppe nur noch aus Haaren –, aber Sätze wie »Die Verzweiflung ist die einzig würdige Haltung eines denkenden Menschen« mochten einem Beckett wohl anstehen, aber nicht mir, denn ich war auch in diesem Alptraum nicht 80 und hatte schon gar keinen Nobelpreis.

Also begann ich wie ein Blöder zu reden und malte die Wörter meiner nächsten Kolumne in die Luft, aus der heraus sie mein Erschießungskommando las. In einer Hast, die meine Todesangst verriet, warf ich alles Gute und Schöne aus mir heraus, das ich in mir fand: zählte mir liebe Menschen auf und kam auf eine erkleckliche Anzahl! Ich hätte, rief ich, eine Handvoll wirkliche Freunde, solche durch dick und dünn, und hoffte, ich sei ihnen auch ein solcher! Hätte bei meiner Familiengründung ein Massel gehabt, das, wenn man bedenke, wieviele Tretminen und Fettnäpfe auf diesem Gebiet herumlägen, ziemlich phänomenal sei! Besäße ein Auto, das nie kaputt gehe obwohl es genau diesen Ruf habe, und beherrschte, wie man sehe, die Regel der indirekten Rede aus dem ff! Genau, ich hätte jede Menge Talente und sei, wenn ich die Stellenangebote der Neuen Zürcher Zeitung durchläse, nicht für einen einzigen Job qualifiziert.

»Das meinen wir nicht«, lächelte der Illustriertenbesitzer, der, wie mir jetzt einfiel, zuweilen Franz Josef

Strauß mit nach Casablanca nahm. »*Wir* geben uns keine Mühe! Wir *sind* gut gelaunt!« – Inzwischen war der Chor der Erynnien näher gekommen. Grinste mich aus leeren Gesichtern an. – Ich wachte auf, schrill lachend.

Zuerst war ich ziemlich durcheinander. Wieso hatte ich meinen echten Chef mit einem betrogen, dessen Blatt eine Auflage hat, von der mein echter Chef nicht einmal im Traum träumen darf? – Später, während des Frühstücks, ging es mir schon besser. Immerhin *hatte* ich meine Arbeit ja geträumt. – Jetzt, wo ich an der Maschine sitze, bin ich richtiggehend aufgestellt. Kichere während des Schreibens vor mich hin und singe. Tatsächlich. Ich bin gut gelaunt! Heute nacht werde ich, wie einst André Breton, ein Schild an die Schlafzimmertür hängen, auf dem *Le poète travaille* steht.

22. 9. 1986

Wenn Schweigen Gold ist,
ist Reden Blech

Zuweilen habe ich den Verdacht, daß wir überhaupt nicht scharf darauf sind, mit andern Menschen zu reden. Daß unser oft so hitzig behauptetes Bedürfnis, uns gegenseitig alles aber auch alles zu sagen, nichts anderes als ein Mangel an Kraft ist, allein unsern Weg zu gehen. Könnten wir, dann würden wir. Nur weil wir es nicht schaffen, den Schnabel zu halten, öffnen wir ihn. Und spüren bei jedem Wort – Strafe muß sein –, daß es nicht aus unserm Zentrum herauskommt. Nicht unser Ureigenstes ist.

Wie auch. Denn jedes Wort, das wir aus uns herauslassen, ist zuerst einmal in uns hineingekommen. Wenn wir es erneut an die frische Luft befördern, ist es noch mehr das, was es schon war, als wir es kennenlernten: ein Zitat. Millionen haben es vor uns schon gesagt. Ja, wir hantieren so offenkundig mit Fertigteilen herum, daß unser Ureigenstes nicht darin bestehen *kann*, »Auto« oder »Baum« oder »Ich liebe dich« zu sagen. (Natürlich ist es trotzdem herrlich, im Auto gegen einen Baum zu rummsen und der geliebten Frau seine Leidenschaft zu gestehen.) Unser Ureigenstes aber ist etwas, was wir uns *gegen* die Sprache erobern, denn diese legt uns vorerst einmal nahe, so zu denken und zu handeln wie alle an-

dern. Das tut uns, in Maßen, ja auch gut: unsre Freiheit –
auch unsre Freiheit zu schweigen – findet bekanntlich
früh schon ihre Grenzen an der Freiheit von Papa und
Mama. Und wenigstens der Spur nach wollen wir ja
doch verstanden werden, wenn wir den Walkman bei-
seite schieben.

Ich kenne allerdings einen – wir trinken zuweilen zusammen Bier –, der so gekränkt ist, daß es vor ihm schon
Menschen gegeben hat, daß er sich weigert, unser aller
Wörter nochmals in den Mund zu nehmen. Für alles,
auch für »Auto« und »Ich liebe dich«, findet er ununterbrochen brandneue Formulierungen. Er tut das sehr
laut, wahrscheinlich, damit wir zuhören *müssen*. Was
genau er sagt, ist nicht immer leicht zu erraten – zu mir
sagt er eher »Auto« als »Ich liebe dich«. Aber immerhin
zwingt er mich dazu, darüber nachzudenken, was zum
Teufel er denn jetzt wieder gemeint haben könnte. – Ich,
wenn ich dann auch einmal zu Wort komme, werde sofort verstanden. Aber ich denke zuweilen, daß meine
Zuhörer, obwohl ich in Studioqualität sende, weder
meine Höhen noch meine Tiefen wahrnehmen. Wir alle
denken das, vermutlich.

Kürzlich sprach ich an jenem Wirtshaustisch – weiß
der Himmel warum – von »Moral«, von meiner eigenen
oder der von uns allen. Die meisten brachen in ein herzli-
ches Hohngelächter aus; ein paar wenige nickten be-
dächtig. Für die Hohnlacher sprach ich – das merkte ich
nach einiger Zeit – von etwas, was den Reichen gehört,
die hinter seinem Schutz ihre Privilegien genießen, wäh-

rend wir uns mit den von ihnen aufgestellten Regeln ab-
mühen. Für die Kopfnicker beschrieb das Wort dagegen
die ureigenste Haltung eines jeden seiner Gesellschaft
gegenüber, und sei diese ein herzzerreißender Konflikt.
– Offenkundig gibt es Wörter, die für Sieger *und* Opfer
so unverzichtbar sind, daß von ihnen jeweils *zwei* Be-
deutungen im Umlauf sind, die sich gegenseitig aufhe-
ben. »Kultur«, »Leistung«, »Ordnung«, »Recht«, »Erfolg«: Schlüssel, die in die Türen passen, hinter denen die
Futternäpfe stehen, und sie, je nachdem wie herum man
dreht, öffnen oder verriegeln. – Mein Freund war begeistert. Er konnte also ganz ohne private Verballhornungen erreichen, daß man ihn nicht verstand! – Seither redet er ständig von Moral.

29. 9. 1986

Augenzeuge

Als im Eis von Stalingrad die Menschen elendiglich verreckten, lag ich in meinem Gitterbett und beschützte meinen Teddybären. – Als Dien Bien Phu fiel, ging ich mit meiner ersten Freundin im Wald spazieren, und wir preßten zum allererstenmal die starren Lippen aufeinander. – Als Nasser den Suez-Kanal verstaatlichte und alle Aktienbesitzer unter uns in helle Aufregung versetzte, saß ich am Strand von Cannes und sah blinzelnd zu, wie die 6. US-Flotte, die vielleicht die 7. war, hastig und überstürzt auslief. – Als Brigitte Bardot sich an einem warmen Sommertag in Menton umzubringen versuchte, war ich auf dem Zeltplatz ebendieser Stadt und dachte, nachdem ich den *Midi libre* gelesen hatte, *Nom de Dieu*, warum habe nicht *ich* sie gefunden, gerettet auf meinen starken Armen, statt jener Gärtner, der seine Kinder und Enkel sicher heute noch mit dieser Geschichte löchert. – Als, während der Algerienkrise, in Paris schon einmal Bomben explodierten, wohnte ich zwischen diesen Detonationen, hörte sie zuweilen, und war dennoch völlig überrascht, als *alle* Bewohner der Stadt zum Begräbnis eines jungen Mannes gingen, den die OAS-Faschisten ermordet hatten; nur ich irrte dem leeren Boul'Mich entlang. – Als John F. Kennedy erschossen wurde, übte ich

auf meinem Piccolo den schnellen Vers des *Vaudois*
(heute kann ich auch alle langsamen Verse nicht mehr).
Nachher trank ich langsam oder schnell einen waadtlän-
dischen Wein, und als ich um Mitternacht auf die Straße
trat, hatte die National-Zeitung, die heute zur BAZ ver-
kümmert ist, ihr letztes Extrablatt produziert und schrie
mir die Nachricht entgegen. – Als die beiden Astronau-
ten den Mond betraten (»A big step for us, a little step for
mankind«), schaute ich dem Dichter Robert Creeley zu,
wie der seiner Katze zuschaute, die gerade Junge kriegte
(das Fernsehen war nun erfunden und lief im Nebenzimmer). – Und als Tschernobyl in die Luft flog, war ich
im Bunker eines Hörspielstudios in Baden-Baden.
Nachher aßen wir Salat.

Zwei drei Male war ich also nahe dran gewesen: fast
ein Augenzeuge! Daß ich die übrige Zeit so etwas ganz
anderes trieb als die Weltgeschichte, war das Normale.
Denn bevor es das Fernsehen gab (ich gehöre noch jener
Generation an, die selber redet), klaffte das öffentliche
und das private Leben viel offensichtlicher als heute auseinander.

Wenn man einmal durch einen Zufall in die Nähe der
Großen Geschichte geriet, wurde man schrecklich aufgeregt: man wußte, man lebte gerade weil einem das
noch nie passiert war. Echte Augenzeugen gingen damals echt unter. Im Dreißigjährigen Krieg stand man
sinnend auf dem friedvollen Acker, und jäh kamen brül-
lende Monstren aus dem Wald geprescht, und man
wurde der Augenzeuge seines eigenen Todes. Das große

Leben berührte das kleine nie, und wenn es das tat, war es mit dem kleinen aus.

Natürlich kommen die Augenzeugen auch heute noch um, in Beirut und Sri Lanka, und sie kriegen ihren Tod auch immer noch mit wie alle vor ihnen: aber *wir* tun es nicht mehr, und zwar just *weil* wir inzwischen live dabei sind. Weil *wir* ihren Tod überleben. Eine Katastrophe, die ich mit der Fernbedienung abzuschalten vermag, kann nicht so schlimm sein. So daß wir im Gegenteil versucht sind, das Prinzip der Fernbedienung aufs wirkliche Leben zu übertragen. Klick, ist die ekle Welt weg! – Noch immer sind wir *nie* Augenzeugen, meinen aber mehr und mehr, wir seien es immer.

6. 10. 1986

Die lachenden Fremden

Wieder einmal ergießen sich ganze Ströme von Flücht-
lingen über unsere Erde, und auch durch Europa, und
ein paar Nebenarme plätschern sogar in die Schweiz hinein. Aber diesmal sind es keine Menschen wie du und
ich, sondern sehr fremdartige Männer und Frauen mit
dunklen Häuten, bizarren Gebräuchen und unver-
ständlichen Sprachen. Der Hunger und jene Art von
Terroristen, die die Uniformen der einheimischen Polizei tragen, treiben sie aus ihren vertrauten Heimaten in
unsre, die ihnen fremd ist. Große Augen staunen in
unsre Bärengräben. Und auch wir schauen verwirrt und
fragen uns, in was für ein Elend diese unheimlichen
Fremden eigentlich verstrickt sind und wieso just wir,
die wir nichts damit zu tun haben, sie retten müssen.
Richtig?

Falsch natürlich. Wir ahnen durchaus, daß wir an dem
Jammer, der sich da so plötzlich zeigt, nicht unbeteiligt
sind. Daß es Hunger und Gewalt in der dritten Welt
auch gibt, *weil* in unsrer ersten Völle und Ordnung herrschen. Daß unsre exportierenden Industrien keine phil-
anthropischen Anstalten sind, und daß ein Reicher, auch
wenn er ein Schweizer ist, immer und überall auf den
Buckeln mehrerer Armer steht, sonst wäre er keiner.

Daß es im Gegenteil just zu den Spielregeln des Reichwerdens gehört, sofort, wenn sich der erste nicht mehr lebensnotwendige Franken einstellt, radikal und auf immer zu vergessen, wie das Armsein war. So daß wir uns heute nur noch in unsern lichtesten Augenblicken daran erinnern, wie wir Hosenträger trugen und Stumpen rauchten (Männer) bzw. mit Bürzifrisuren und getüpfelten Röcken in die Handlung einkaufen gingen (Frauen). Aber immerhin: der Spur nach erinnern wir uns ja noch, und solange wir dazu imstande sind, können wir auch am Leid der Flüchtlinge leiden und sehen in ihnen keineswegs (wie ihre behördliche Behandlung es zuweilen nahelegt) Menschen zweiten Ranges. Stimmts?

Es stimmt. Wir sind kein Volk von verhärteten Ungeheuern. Wir sind oft großzügig, und wir sind es gern. Einige tun mehr als andere, aber auch wir Durchschnittler kaufen jedes Abzeichen und schmeißen keinen Einzahlungsschein unausgefüllt weg. Ist es nicht so?

So ist es: solange die, die Hilfe von uns wollen, arm und unglücklich sind und einfache Kindersätze sagen. Was aber, wenn einer oder eine weder arm noch unglücklich ist und, mindestens in der eigenen Sprache, erwachsene Sätze bilden kann? Gar ein »Wirtschaftsflüchtling« ist, weil nämlich die Wirtschaft zu Hause nichts mehr abwirft? Den Weg zu seinem oder ihrem Glück ganz ohne uns kennt oder jetzt schon glücklicher als mancher von uns ist? Lacht?? Sich freuen kann??? Ein Fachmann oder eine Fachfrau auf seinem oder ihrem Gebiet ist, sagen wir, im Fischerbootbau oder in der konfuzianischen Philosophie? – Da macht das Helfen gleich weniger Spaß, ganz ohne jenes Mitleid, das ein Kind der Macht und eine Schwester der Demütigung ist und uns jenes schöne Gefühl gibt, gut zu sein ohne uns zu gefährden.

Die Zeiten ändern sich. Vor hundertfünfzig Jahren gewährten unsre Regierenden Menschen Asyl, die heute Terroristen genannt würden, und noch vor hundert Jahren wanderten *wir* aus, nach St. Petersburg oder Montevideo, wo wir Bäcker und Rinderzüchter wurden. Damals brauchten *wir* Hilfe, aber Arme und Verschupfte wollten auch *wir* nicht sein. Sondern Männer und Frauen, die dies und das konnten und, wenn die Arbeit getan war, Mozart oder Hudigägeler liebten, oder beides.

13. 10. 1986

Die Gewalt der Frau Kopp

Heute will ich vom Gewaltmonopol sprechen. Das Gewaltmonopol ist, wenn mich Frau Kopp auf den Kopf hauen darf, ich aber nicht sie. – Natürlich darf mir Frau Kopp nicht einfach ihren Bierhumpen über den Schädel hauen (das wäre eine Wirtshausschlägerei und brächte uns auf die erste Seite des »Blick«): auch sie muß die Gesetze beachten, die sie von Amts wegen verwaltet. Ich aber darf ihr *unter keinen Umständen* etwas Handgreifliches antun. Nur der Staat darf Gewalt anwenden, nicht der Einzelne in diesem Staat. Und das ist auch recht so, denn nur so ist ein friedvolles Leben in den Freiheiten einer Demokratie möglich.

Das funktioniert allerdings nur so lange, als ich und Sie und viele andre damit einverstanden sind, daß der Staat, und nur er, die Einhaltung unsrer Lebensregeln durchsetzt. Je öfter wir Anlaß haben zu vermuten, unsre Regierenden schlügen auf uns ähnliche ein bzw. schützten ganz andere als uns, desto nachhaltiger beginnen wir an der Berechtigung des alleinigen staatlichen Hauens zu zweifeln. Denn so gewiß es keine Demokratie ohne das Gewaltmonopol dieser Demokratie gibt, so zweifellos gibt es Staaten, viele sogar, die völlig monopolisiert Gewalt ausüben und dennoch alles andere als Demokratien sind. – *Unsre* Regierenden sollen (so sagt es ihnen der Artikel 2 der Bundesverfassung) den »Schutz der Freiheit und der Rechte der Eidgenossen und die Beförderung ihrer gemeinsamen Wohlfahrt« wollen. Der *gemeinsamen* Wohlfahrt: ihretwegen wohl suchen und finden sie stets und in allem jenen schon sprichwörtlichen Konsens (kein Kompromiß, der nicht nochmals kompromißfähig wäre), dummerweise allerdings weder mit Ihnen noch mit mir, sondern ausschließlich und immer erneut mit ihren Verwaltungen, den wild wuchernden Kommissionen, den Lobbyisten in und außerhalb der Räte und denen, um deren Geld es geht. So daß diese diffuse Menge in Bern und um Bern und um Bern herum inzwischen »das Volk« geworden ist. – Was denkt so ein Regierender wohl, wenn er zufällig einmal einen von *uns* zu Gesicht bekommt? Einen keuchenden Bergwanderer, der ihm die Faust zeigt, weil der Ozon ihn sprachlos gemacht hat? Denkt er »Also Gopf, jetzt haben wir doch gerade dafür gesorgt, daß man die Luft schon 1995 wieder annähernd atmen kann« oder »Gottseidank haben wir ja noch das Gewaltmonopol«?

Inzwischen aber trauen manche dem Staat so wenig über den Weg, daß sie ihm auch nicht mehr unbefragt das alleinige Recht überlassen wollen, Gewalt auszuüben: in ihrem Namen *und* auf ihre Kosten. Mit Erde Luft Licht und Wasser kann offenkundig nicht mehr jenes Spiel um die Kompromißfähigkeit gespielt werden, das bei Zuckerbeschlüssen oder Kulturprozenten möglich bleibt. Zu vielen geht es inzwischen ganz hautnah um ihr

Überleben. Ob zu Recht oder zu Unrecht – das Über-
lebenwollen ihrer Bürger *muß* eine Regierung ernst
nehmen.

Die Gewalt, die die aggressive Luft oder ein Atom-
kraftwerk darstellen, provoziert Gegengewalt. Und
diese dann wiederum. Es ist die alte Spirale, die, wenn sie
sich einmal dreht, die kleinen und großen Freiheiten der
Demokratie erwürgt. Die wahre Tragödie von Tschernobyl ist vermutlich nicht, daß jetzt ein paar Schweizer
mehr als zuvor einen Atomunfall auch bei uns für möglich halten, sondern daß unsre Regierenden sich überhaupt nicht vor all den Machtmitteln zu fürchten scheinen, die jeder Staat, der mit Atomen umgeht, aufbringen
muß, um diese Atome und sich zu schützen – wenn nicht
vor uns, dann doch vor solchen, die *so* anders als wir auch
wieder nicht sind.

20. 10. 1986

Übertretung von Art. 84 Ziffer 1 Lit. a
des BG *über den Zivilschutz*

Schon *vor* Tschernobyl kamen mir, mit Verlaub, die
Konzepte des Bundesamts für Zivilschutz ein bißchen
so vor, als stammten sie von jenen drei heiligen Affen,
deren erster sich mit den Händen die Augen zudeckt,
während der zweite sich die Ohren, und der dritte den
Mund. *Nach* Tschernobyl, als, mit Verlaub, das Zivil-
schutzamt vom ersten GAU der Menschengeschichte
nichts gesehen, nichts gehört und wenig Sinnvolles zu
sagen gewußt hatte, dachte ich das noch mehr. Ich fand
unser in Parkhäuser und Keller verschobenes Réduit
nun noch offenkundiger naiv, uns so lebensgefährlich in
falscher Sicherheit wiegend, daß ich im August dieses
Jahrs nicht in einen EINF K einrückte, in dem ich zum
MEHRZW-PIONIER hätte ausgebildet werden sollen. – Ich
ging allerdings nicht einfach so nicht hin (spekulierte
nicht auf eine Extrawurst; hatte ja auch, zu Karabiners
Zeiten, meinen Militärdienst geleistet), sondern versuchte zu begründen, warum ich das nicht tat. – Das Amt
schwieg. Wochenlang war der mit den Händen über
dem Mund an der Reihe. – Nun aber habe ich doch ein
Lebenszeichen bekommen, eine Strafverfügung und
einen Einzahlungsschein: *Fr. 300 Buße + Fr. 96 Staats-
und Schreibgebühren + Fr. 5 Zustellkosten + Fr. 0*

Untersuchungskosten. – Die habe ich nun also bezahlt, ein bißchen nachdenklich, denn ich hatte dieses Verweigern eigentlich nicht als ein etwas teures Hobby geplant. Wollte etwas bewegen. Aber natürlich war auch *mein* Konzept naiv. Ich muß den Heiligen des Zivilschutzes wie ein ziemlicher Affe vorgekommen sein.

Allerdings habe nicht nur ich meine Krise mit dem Zivilschutz, sondern auch die, die ihn machen, sind ziemlich durcheinander. Es ist vorbei mit der Gewißheit, das Wunder des 2. Weltkriegs würde sich ewiglich wiederholen. Auch die EINFK sind, dem Vernehmen nach, keine harmlos-lustigen Cervelat-und-Bier-Übungen mehr. Ja, sogar die »gemütlichen Festivitäten auf Kosten der Steuerzahler« der Stäbler können nicht mehr *so* gemütlich sein, wenn sie der Informationschef des Basler Zivilschutzverbands selbst so nennt. Die phänomenalen Folgen von Tschernobyl sind, mit einiger Verspätung, auch denen in die Knochen gefahren, die den Schutz von uns zivilen Bürgern organisieren sollen. Nichts ist mehr wie es war.

Eigentlich müßte ich mich also über eine Krise freuen, die dem Denken der Zivilschützer einen Schupf gibt. Denn es *muß* ein Ende haben mit jenen Konzepten, die (erinnern Sie sich?) mit »Mappe über den Kopf« anfingen und, vermutlich, darin enden werden, daß wir uns alle vorsorglich einmauern. Fatalerweise aber zielen alle Veränderungsvorschläge (soweit ich sie, weit ab vom Schuß, mitkriege) ausschließlich auf vermeintliche Verbesserungen der *Schutzmaßnahmen*. Schon regt, nur

zum Beispiel, einer an, in AKW-nahen Gemeinden Kata-
strophen- und Räumungsübungen für *alle* abzuhalten.
Den alten Reglementen sollen neue auf die Schultern ge-
setzt werden.

Der Kern des Problems bleibt also, daß unsre hohen
Zivilschützer mit einem Eifer, der nicht frei von magi-
schem Wunderglauben ist, immer wirkungsvollere Map-
pen über unsern Köpfen ersinnen und just dadurch ver-
hindern, daß wir uns unsrer Verletzlichkeit bewußt bleiben. Denn nur wenn wir mit Kopf und Herz begreifen,
daß wir uns nicht gegen *alles* schützen können, werden
wir uns daran machen können, die *Ursachen* der Bedrohungen zu beseitigen. Mit offenen Augen und geputzten
Ohren und mit Mündern, die Ja Ja und Nein Nein sagen
können.

27. 10. 1987

Die Verbesserung von Mitteleuropa

Der spanische Ministerpräsident Felipe González hat seinem Volk und uns am Fernsehen freudestrahlend angekündigt, das Jahr 1992 werde nicht nur wegen den Olympischen Spielen ein Jubeljahr, sondern wir feierten dann auch, und eigentlich vor allem, daß 1492, sechshundert Jahre zuvor, tüchtige spanische Seefahrer Amerika entdeckt hätten. Und noch während er sprach, Felipe González, sympathisch und stolz, dachte ich: wieso eigentlich sollen wir das *feiern*? Was wäre aus uns geworden, wenn Cristoforo Colombo seinen Abschied aus der Weltgeschichte still und unbemerkt in einem Suppentopf der Ureinwohner jener Karibikinsel genommen hätte, die er für Indien hielt? Wir hielten noch immer arglos und einfältig unsre alte Welt für die einzige und müßten ganz ohne das Pepsi und den Big Mäc auskommen, weil sich keiner von uns auf das graue unendliche Meer hinauswagte! Auf dessen anderer Seite vielleicht gerade dann tüchtige Rothäute Schiffe zimmerten, um den geheimnisvollen Osten zu erforschen. Mythen von sagenhaften Völkern, im Glück schwimmend. Und 1992 erblickte ein bretonischer Fischer diese seltsamen Einbäume voller gefiederter Menschen, und wir wären entdeckt! *Wir* würden das Eldorado der Indianer, die uns wie eine Mischung aus Göttern und Vögeln vorkämen.

Das erinnerte mich an ein altes vergessenes Buch, das *Die Verbesserung von Mitteleuropa* hieß und (in den ersten Sätzen wenigstens; später nahm es andere Wege) unsre vielfältig schiefgelaufene Geschichte positiv korrigieren wollte. Oh, das hatte ich auch oft gewollt und getan, noch bevor ich jenes Buch kannte! Ich hockte an Waldrändern und auf Beizenstühlen und erfand die Schicksale unsrer Ahnen so neu, daß kein Mensch sie wiedererkannte! Niemand mehr wurde ermordet, und das Leben, nicht ohne Kümmernisse, war *schön*! Was gab es nicht alles zu verändern! Die Neandertaler: *mußten* sie mit dem Feuer, das gerade eben erst ihre Gänse- in Menschenhäute verwandelt hatte, gleich auch die Hütten anderer Neandertaler niederbrennen? Karl der Große dann: ihn ließ ich schrumpfen bis er soo klein war. Und mochte auch Jerusalem eine flirrende Fata Morgana überm südlichen Horizont gewesen sein, so glaubte ich doch nicht, daß die Jerusalemer unsre kreuzfahrenden Vorfahren besonders gemocht hatten. Die russische Revolution endlich: etwas *mußte* in jenem unglücklichen Land geschehen – aber *das*? So viele Tote, um der Gerechtigkeit willen? In meiner verbesserten Oktoberrevolution lief der Zar die ganzen Zwanzigerjahre hindurch noch Schlittschuh, zwischen seinem befreiten Volk, das ihn nur beachtete, wenn er wieder einmal den dreifachen Axel probierte.

Und *unsre* Geschichte? Ja, auch sie schrieb ich um, damals in meinem Kopf. Auch wir wurden wirklich ein einig Volk von Brüdern (und Schwestern: *nur* Brüder, das hätte mich betrübt), und Winkelried rief nun tatsächlich *Schupfed nit esoo!*, wie im echten Leben.

Einmal auf dieser Schiene, stellte ich mir die Fragen immer radikaler. Ob jener schlaue Ägypter das Rad tatsächlich habe erfinden *müssen*? Oder ob Marie Curie, die die Assistentin eines Forschers namens Henri Becquerel war, die Forschungen ihres Herrn, von ihren eigenen ganz zu schweigen, nicht besser in den Ofen getan hätte? Liegt unser Problem (so fragte ich mich endlich, damals) etwa gar nicht darin, daß wir so dumm sind, sondern leiden wir im Gegenteil daran, daß hie und da einer gescheit ist? Wäre die Geschichte, wenn wir Dummen (und nur wir) sie gemacht hätten, harmlos geblieben: glücklich?

3. 11. 1986

Ein Herz für Aufkleber

Ich erinnere mich, als vor Jahren oder Jahrhunderten der erste dieser Herz-Aufkleber auftauchte, die für *I love* stehen, kam ich lange überhaupt nicht draus. I ❤ NY. Was konnte das denn sein? IANY, IBNY, ICNY – ich probierte das ganze Alphabet durch, weil ich dachte, das Herz stehe anstelle eines Buchstabens. Ein Rätsel. Als ich es löste, als letzter vermutlich, war ich natürlich enttäuscht, weil ich vorher so wildes Zeug phantasiert hatte.

Inzwischen ist so ungefähr alles und jeder mit jenem Herzen in Verbindung gebracht worden. I ❤ SWITZERLAND oder I ❤ FRAUENFELD, das ist noch das mindeste: ich habe auch schon die Silhouette eines Jagdbombers hinter dem verliebten Herzchen gesehen, oder ein Pferd, oder ein primäres männliches Geschlechtsmerkmal. I ❤ NICHTRAUCHER, oder I ❤ MY TOYOTA, und natürlich auch I ❤ AUFKLEBER.

Dazu herzlose Aufkleber wohin ich schaue. Die Autos, aber nicht nur sie, sind voll von ihnen: auch Schulmappen, Anoraks, Mauern, Fahrradschutzbleche, Türen. Sie machen mich zuweilen etwas kribblig, aber nicht aus Gründen irgendeiner Moral. *Kommen Sie näher!* las ich zum Beispiel kürzlich, und als ich es tat: *Noch näher!*, und ich tat auch das, bis mir eine winzigkleine Schrift sagte, ich sei etwas, was mit A anfängt. Ich muß zugeben, daß ich da lachte, weil die jähe Begegnung mit der Wahrheit komisch ist. Mehr Mühe habe ich schon mit jenen Botschaften, die mir *Bad Nauheim grüßt den Rest der Welt, Jesus kommt, Another student for Reagan/Bush, Frauen kommen langsam aber unheimlich stark, Holz ist heimelig, Bums mal wieder* oder *Das Glück kommt aus den Bergen* zurufen. Den Vogel schießt für mich allerdings *Ich bremse auch für Tiere* ab. Wieso »auch«?

Irritieren jedoch tun mich diese Aufkleber, und vor allem ihre vielfältige Fülle, weil ich vermute, daß wir just das möglichst laut und intensiv plakatieren, was wir in Wirklichkeit bereits verloren haben. Was wir knapp noch erinnern und kaum noch spüren. *Holz ist heimelig.*

Vielleicht gilt das für alles, was wir schreiben? Berichten uns *Roti Rösli im Garte* oder der tägliche Leitartikel (auch wenn sie von anderem zu sprechen scheinen) nicht von dem, was den Bach hinunter ist? Entzieht sich nicht das, was *ist*, unbefragt und zweifellos, den Wörtern? Sprechen die Menschen nicht gern dann vom Menschen-Sein, wenn sie gerade damit aufhören?

Wir haben Bibliotheken voller Bücher, die uns von den alten Zeiten erzählen. Von Königen und Bettlern. Aber was die Menschen in ihrem Alltag bewegte, müssen wir uns mühsam rekonstruieren: können es gar nicht. Es braucht einen Hauch Verlust und ein Gramm Sehnsucht, daß die Wörter sich einstellen. *Bums mal wieder!*

Als der erste Mensch einen Eber auf eine Höhlenwand malte und das wildreißende Wasser einen Dämon nannte, hatte er gerade dadurch mit der Beherrschung der Natur angefangen: und mit ihrem Verlust.

Ja, wenn ein späterer Forscher, den es hoffentlich geben wird, dereinst über uns und unsre Zeit zu urteilen hat, wird auch er nicht einmal ahnen, was wir wirklich gedacht und gefühlt haben. Wir sagen es ihm nirgendwo. *Ich bremse auch für Tiere*: sowieso, tut er auch, falls es zu seiner Zeit noch Tiere gibt, und Bremsen.

10. 11. 1986

Die Rückkehr des Mittelalters

Im Mittelalter wurde man so um die dreißig Jahre alt. Ein Fünfzigjähriger war ein edler Greis. Und natürlich lebte man viel mehr im Jetzt, weil es einen Lebensabend, an dem der aufgeschobene Genuß nachgeholt werden konnte, kaum je gab. Keiner hatte die leiseste Ahnung, was der nächste Morgen bringen würde. Ein rostiger Nagel genügte, und man war tot. Wenn man einen Treueschwur verweigerte, hing man am nächsten Baum – schwor man, am übernächsten. Die Kriege: Gerüchte von fernen Morden. Also stand man arglos vor der Tür, und jäh verwandelte sich der stille Frieden in ein tobendes Gemetzel. Die Reichen, die genau so ungern wie die Armen starben, mauerten sich in Türme ein, die sie immer höher und schiefer bauten. Wenn gar eine Pest nahte, wurden alle, die die Kraft dazu hatten, so übermütig, daß sich die fremdesten Männer mit den unbekanntesten Frauen in siebenschläfrigen Betten wälzten, stöhnend vor Sehnsucht nach dem Leben, mit dem es beim ersten Ruf der Lerche vorbei sein konnte. Der Tod grinste die Menschen an, und diese drängten ihn mit der ganzen Wucht ihres Überlebenswillens aus den Hirnen hinaus oder krochen, wenn sie das nicht schafften, vor ihm im Staub, sich die Rücken geißelnd.

Irgendwann dann war dieses Mittelalter vorbei, und die Köpfe begannen anders zu denken, weil die Bedrohungen kleiner geworden waren. Es gab nun so etwas wie ein Recht, und die Medizin machte, Hand in Hand mit der Chemie, so gewaltige Fortschritte, daß wir endlich kaum mehr umzubringen waren. Wir wurden 75 und mehr. Werden es immer noch. Alles spricht dafür, daß just wir, jetzt und heute, den Höhepunkt dieses Glücks der Menschengeschichte erleben.

Denn immer mehr Zeichen sagen uns, daß das Mittelalter zurückkommt – wenn auch ein verändertes. Natürlich werden wir nicht wieder Rüstungen tragen und ohne jede Scham an die Wegränder scheißen. Aber unsre Lebenserwartung wird vielleicht bald einmal auf die guten alten dreißig Jahre zurücksinken. Denn längst nehmen dies viele (die aus unsrer Vernichtung Geld herauswirtschaften) billigend in Kauf, denn irgendwie muß das Problem der Überbevölkerung sowieso gelöst werden. Gleichen die Großbanken, die Chemiekonzerne, die Elektronikmultis nicht mehr und mehr jenen hochfahrenden Herren des Mittelalters, die oft genug mächtiger als ihr Staat waren und ihn dies auch spüren ließen? Auch die neuen Herren bauen Türme, haben Bewaffnete, die sie schützen, und leben ungeniert deutlich nach *ihrem* Gesetz.

Und wir? Wird unser Lebensgefühl nicht auch wieder mittelalterlich werden, wenn wir einst – wann wohl? – die uns umgebenden Bedrohungen für unausweichlich halten? Wird dann auch für uns das JETZT wieder alles werden? Noch *einmal* mit Meryl Streep schlafen, oder mit einer, die ihr gleicht! Werden wir uns wieder geißeln? Wird sich die *eine* Menschengattung, die die moderne Demokratie mindestens sein möchte, erneut in zwei radikal geschiedenen Welten wiederfinden: so daß wir in fernen klimatisierten Türmen neue Herzöge und Fürstinnen leben sehen, unerreichbar wie einst die Albas? Die dann tatsächlich immer noch 75 werden? Während wir, die wir irgendwie verpaßt haben, dies aufzuhalten, nur noch in einsamsten Träumen zuweilen so einen an den Ohren schütteln und ihm ein paar hilflose Feigen geben?

17. 11. 1986

Goethe oder Sch ... dreck

Wenn ich an einem jener Sandstrände weile, wo alle Menschen Ferien haben, gehe ich zuweilen den Reihen der sonnenhungrigen Frauen entlang. Bin Voyeur und Masochist in einem, denn ich kann mich kaum sattsehen an ihrer Schönheit *und* registriere mit zunehmender Erschütterung, daß über ungefähr allen Köpfen ein Buch von Heinz G. Konsalik schwebt. Keins von Cesare Pavese, den *ich* im Augenblick lesen würde, keins auch von Kurt Vonnegut oder von Sir Rider Haggard, und schon gar keins von mir. Nicht einmal Simmel scheint eine Chance zu haben. Da stehe ich dann also, fühle mich nackt und denke, daß in der schönsten Brust ein Herz leben kann, das einen ganz andern Takt als meins schlägt.

Wenn ich mich drastisch ausdrücken darf: unsre Kultur scheint nur Spitzenleistungen oder das zuzulassen, was ich schon in den Titel hineingeschrieben habe. Goethe oder Sch ... dreck. Nichts dazwischen. Zwar schreibt in der Tat immer wieder einmal einer ein geniales Buch, und dafür findet er dann zu Recht seinen geneigten Leser. Aber die andern? Die in angelsächsischen Ländern jene Leser hätten, die sicheres Handwerk und professionelle Intelligenz schätzen? Bei uns scheint jeder, der schreibt, dazu verurteilt zu sein, sich immer erneut als Genie zu erweisen; sonst ist er *nichts*.

Aber wie selten sind in Wirklichkeit jene, denen just der Überreichtum ihrer Begabung das eigne Lebensgesetz aufzwingt! Und obwohl das so ist, und obwohl alle das wissen, strengen wir Autoren uns dennoch wie die Blöden an, auch so ein Goethe unsres Jahrhunderts zu werden: denn wer ist schon gern nichts. Naturgemäß geht das fast immer schief. Und natürlich stürzt niemand tiefer als der, der die Kondition fürs Allalinhorn hat, aber obstinat den Everest bezwingen will. Da liegt er dann, der fehlgeleitete Dichter, zerschmettert im heißen Sand des Strands, und die nackten Frauen steigen über ihn hinweg, ohne ihn überhaupt zu bemerken.

Franz Kafka, wenn er seinen Freunden etwas vorlas, hielt zuweilen inne, weil er zu sehr lachen mußte. Er fand seine Sachen komisch! Viele gute Bücher, wenn nicht alle, sind leicht *und* schwer; zum Lachen *und* todernst. Gleichzeitig! Die *Odyssee*, der *Don Quixote* und vielleicht ja sogar auch die Bibel. Genau dieses untrennbare Durcheinander macht uns jedoch Mühe, vielen von uns: nicht nur vielen Lesern, sondern auch manchen von denen, die schreiben. Auch wir sind ja Bauern und lachen, wenn einer ins Güllenloch fällt. Sind ernst, wenn von Gott die Rede ist. Im wirklichen Leben ist es aber, wenn nicht umgekehrt, so doch vermischt.

Wer ist schuld? Niemand. Die Fragen, die uns die Geschichte stellt, beantwortet keiner mit *einem* Satz. Vielleicht sollten die Leser unter uns, statt immer neue

Höchstleistungen bestaunen zu wollen, uns Schreibern einfach einmal ganz ruhig zuhören. Als sprächen wir mit ihnen. Denn *sie* sind es ja immerhin, die uns dazu bringen, jene Geschichten aufzuschreiben, die sie dann als die ihren erkennen. Ohne Leser kein Schreiber. Jeder Leser versammelt mit der Zeit ein paar Autoren um sich, die ihm das sagen, was sonst wörterlos in ihm drin bliebe, und umgekehrt schreibt kein Autor auch nur eine Silbe, wenn niemand von ihm etwas erwartet. Auch mir geht es so. Auch ich schreibe meine Geschichte *und* die des Lesers. Sie muß nicht genial sein, nicht von Goethe, aber so wahr und so verlogen wie unser gemeinsames Leben.

24. II. 1986

Z Basel an mim Rhy

Ich bin in Basel aufgewachsen und mußte ziemlich groß
werden, bis ich merkte, daß es in meiner Heimatstadt neben Konzertsälen, Schulen, Beizen, Museen und einem
Zoo auch Industriebetriebe gab. Ich *sah* sie einfach nie.
Paul Sacher war für mich ein Dirigent. Die Luft war gut
und voller Schmetterlinge. Auch Chemie brauchten wir,
in aller Unschuld: mein Vater machte sich zum Beispiel
seine Nieren mit dem Phenacetin der damaligen Treu-
pel-Tabletten kaputt, und meine Mutter atmete ohne
Sorge ein himmelblaues Gesprüh ein, das sie aus einer
Art Metallrucksack über die Gemüse spritzte. Irgendwann, so etwa 1947, flogen ein paar Lagertanks in die
Luft, und der halbe Dreispitz brannte. Ich mit dem Velo
in gebührendem Abstand. Da verspürte ich den ersten
Hauch einer Ahnung, daß Basel nicht nur eine heimelig-
mittelalterliche Stadt voller Trommler und Pfeifer war.

Es ist komisch und tragisch zugleich, daß sich die Basler just in dem Augenblick, da der Ruhm ihrer Stadt die
Grenzen der Regio überschreitet, ihrer Provinzialität
bewußt werden. Denn sie, die immer schon mit ihrer
Einzigartigkeit kokettierten, sind nun tatsächlich berühmt geworden, und zwar eben so berühmt wie jemand
aus Seveso oder Bhopal, und also haben sie ebenso un-

vermittelt lernen müssen, daß sie eine hundsnormale Industriestadt bewohnen. Allenfalls eine besonders unglückliche. Basels gibt es viele auf der Welt. Mannheim, Birmingham, Linz.

Bis zum 1. November 1986[1] jedoch waren alle Basler (Ausnahmen bestätigen die Regel) in einem oft manisch anmutenden Selbstbetrug davon überzeugt gewesen, eine ganz besondere und ganz besonders lebenspralle Stadt zu bewohnen. Nix Mannheim! Sie nahmen sogar ohne eine Spur von Selbstzweifeln an, die Zürcher seien neidisch auf sie, und bemerkten während Jahrzehnten nicht ein einziges Mal, daß nur sie, die Basler, jene fatalen Witze machten, und nie einer aus Zürich. Ja, bis vor vier Wochen sagte jeder Basler jeden Tag mindestens einmal »Isch Basel nit e sauglatti Schtadt«, in einem kollektiven Ritual, das an die Gebetsmühlen tibetanischer Mönche erinnerte. Ich, der ich schon in Dakar zwischengelandet bin und auch in Bourg-en-Bresse übernachtet habe, wüßte auf Anhieb keine andre Stadt zu nennen, *worldwide*, deren Bewohner eine derart überhitzt-positive Stadtideologie in sich herumtragen. Lompoc in Kalifornien vielleicht, oder allenfalls Paris. Mit der Muttermilch saugen wir ein, daß bei uns alles aber auch ALLES sauglatt ist. Das heißt, wir saugten. Es ist aus mit der Basler Sauglattitis. Endgültig vermutlich.

Kann mir im übrigen einer erklären, warum Marc

---

[1] Am 1.11.1986 brannte ein Teil der Chemiewerke Sandoz in Basel-Schweizerhalle nieder und verursachte eine katastrophale Verschmutzung von Luft und Rhein

Moret, der Chef der Sandoz, nicht in Untersuchungshaft sitzt? Wenn er für sein Büsi eine Büchse Kittikät geklaut hätte, hätte er jetzt sicher die Polizei am Hals. Kriminelles Handeln muß offenkundig eine gewisse Dimension erreichen (die Hinnahme des Risikos, daß einige hunderttausend Menschen umgebracht werden), um straffrei zu bleiben. Immerhin scheinen sich die Regierungen der beiden Basel endlich daran zu erinnern, daß sie nicht zum mittleren Management der drei Chemiemultis gehören, sondern vom Volk gewählt worden sind. Eben noch fanden sie *jede* chemische Verbindung sauglatt.

Bleibt das Phosgen. Hat man uns (nach Bhopal) nicht gesagt, bei uns lagere keins? Man hat. Wird man jetzt, wo es doch lagert, nicht sagen, man werde es auslagern? Man wird. Und wohin, Herr Moret? Zu den blöden Schwarzen oder zu den dummen Gelben?

1. 12. 1986

Wenn einer eine Reise tut

Wenn einer eine Reise tut, dann kann er was erzählen. Ich habe eine getan, in die Türkei, und möchte also gern etwas von den Wonnen und Schrecken des Orients berichten. Nur, was eigentlich?

Daß ich im Harem der verschwundenen Sultane war, die nicht, wie unsereiner, *eine* Frau zur glücklichsten auf Erden machen mußten, sondern vierhundert? Daß ich auf den Zinnen des alten Pergamon herumkletterte, in einem Sturmwind, der sogar die ewigen Steine wegzufegen drohte? Daß die Türken so höflich und nett waren, daß die Wirte noch auf die Straße mitkamen, um mir dort die Hand zu drücken? Daß ich in einem fernen Bauerndorf eine Dame kennenlernte, die so perfekt deutsch konnte, daß es allerdings rührend war, daß sie einzig das Wort *allerdings*, das sie in jedem Satz brauchte, allerdings zu mißverstehen schien? Daß überhaupt fast alle deutsch konnten (»Du wo? Ich Leverkusen!«)? Daß beim Autofahren niemand den Rückspiegel eines Blicks würdigte, weil Atatürk, der Schöpfer der modernen Türkei, 1923 gesagt hatte, ab sofort schaue kein Türke jemals mehr nach hinten? Daß sirenenheulende Streifenwagen voller Polizisten hilflos zwischen Eselskarren eingeklemmt blieben, und niemand tat einen Wank?

Daß aber offenkundig die Soldaten, die überall anzutreffen waren, umso mehr galten? Daß ich an den Quais von Ephesus stand, des wichtigsten Hafens der antiken Welt, und weit und breit war kein Meer zu sehen? Daß viele Frauen tatsächlich jene Pumphosen trugen, die Eberhard Wutz einst seiner Gattin mitgebracht hatte? Oder, ja, daß ich jemanden traf, der mir berichtete, eben sei sein Bruder ausgebürgert worden, weil er in *einem* Zeitungsartikel das Regime kritisiert hatte?

Später vielleicht. Etwas anderes beschäftigt mich heftiger. Ich hatte nämlich nicht gewußt, daß in der Türkei eine halbe oder auch eine ganze Million Flüchtlinge aus dem Iran leben, in einem auch ihnen fremden Land, in dem sie nun also versuchen, über die Runden zu kommen. Legal, illegal. Jedenfalls, verglichen mit der ihren scheint die Diktatur der Türkei ein Honigschlecken zu sein. Da kam mir natürlich wieder unsre neue Asylpolitik in den Sinn, dieses befremdliche Gemisch aus formaler Gerechtigkeit, Naivität und Hartherzigkeit, und ich dachte, *allerdings*, wir können nicht *alle* diese Iraner auch noch in Amden oder Zuoz aufnehmen. Wie aber, wenn wir ihnen da helfen würden, wo sie jetzt sind: viel intensiver als bisher und ganz anders? Wir sind reich, und ihr derzeitiges Gastland, die Türkei, ist es nicht. Natürlich löst Geld nicht alle Probleme, besonders nicht die des Herzens. Dennoch. Wieso erlöst der Bundesrat die Botschafter in diesem Land und anderswo nicht davon, tatenlos aus dem Fenster schauen zu müssen, obwohl sie, die den Jammer täglich sehen müssen, gewiß gern handeln würden?

Zum Schluß, nebenbei, noch dies. Nie habe ich eine schlechtere Luft geatmet als in Ankara. Obwohl die Sonne schien, sah ich keine hundert Meter weit! Straßen, Straßen, quer durch Altstadtviertel und Villengärten, Millionen Autos in CO_2-Wolken. Ein ewiger Stau, die Fahrer hupend, hustend und Marlboro rauchend. Wieso, um Allahs Willen, lernt denn *nie* jemand aus den Fehlern der andern? Wieso wollen auch die herzlichen Türken, die gerade eben noch auf Eseln ritten, mit jenem tödlichen Blödsinn anfangen, den wir längst bereuen, obwohl auch wir noch nicht die Kraft gefunden haben, uns von ihm zu befreien?

8. 12. 1986

Ein Cüpli für die Hefe-Tierchen

Der amerikanische Schriftsteller Kurt Vonnegut erzählt einmal eine sehr kurze Kurzgeschichte, die aus einem Dialog zweier Hefe-Lebewesen besteht. Während sie Zucker essen und in ihren eignen Exkrementen langsam ersticken, diskutieren sie über den Sinn des Lebens. Wegen ihrer beschränkten Intelligenz bleibt ihnen verborgen, daß sie dabei sind, Champagner herzustellen.

Ich hatte schon als Kind den Verdacht, so eine Art Hefe-Einzeller zu sein. Wurde das drängende Gefühl nicht los, hinter den saftigen Wiesen, dem blauen Himmel und den summenden Bienen sei etwas ganz anderes verborgen. Zuweilen kam mir die Welt wie ein auf eine gigantische Leinwand projizierter Film vor, oder wie ein aus Licht gemaltes Bild. War diese wirkliche Welt vielleicht just deshalb so verführerisch schön für mich hingezaubert, um mich von der Versuchung abzulenken, todeskühn jäh durch ihre hauchdünne Folie zu springen? Endlich zu *sehen*? Saß hinter dem Lichtvorhang (ähnlich den Spiegeln, durch die Warenhausdetektive ahnungslose Kunden überwachen) GOTT und zupfte an meinen Marionettenfäden? Oder drehten sich da seelenlose Räder? Oder war dort vielleicht wirklich NICHTS, und ich hampelte an Schnüren, die ich mir selbst geknüpft hatte, weil ich ein Leben ohne Gesetze nicht aushielt?

Wen solche Gedanken einmal eingeholt haben, der will wissen, welches die Logik der eignen Unfreiheit ist. Ich jedenfalls hielt, ähnlich den Hefe-Tierchen, die Kränkung kaum aus, nicht drauszukommen, und gleich ihnen kam ich dem Sinn des Lebens dennoch nicht auf die Spur. Ich habe es bis heute nicht geschafft. Wie vermöchte ich es auch, zuzugeben, daß ich nur dazu da sein könnte, mit meiner Scheiße für einen zweihundert Kilometer großen Kellereibesitzer im Andromedanebel Champagner herzustellen, während ich doch die Aufgabe, die mir das Leben stellt, in unbeirrbarer Treuherzigkeit darin sehe, Geschichten zu erzählen? Ich gleiche darin, glaube ich, vielen meiner Mitmenschen. Unsre uns allen gemeinsame Ahnungslosigkeit löst Ängste in uns aus, die wir nicht aushalten können oder wollen, und so bannen wir sie durch Erklärungen – egal, wie fiktiv diese sind. Deshalb gibt es so viele, meistens Männer und immer aufgelegte Dummköpfe, die uns noch das Hinterletzte erklären wollen. Was ein Hefe-Pilz macht oder wieso Champagner perlt.

Was muß man im Lauf des Lebens nicht alles begreifen lernen! Als erstes gleich jenes grelle Licht, in das man aus dem heimeligen Fruchtwasser herausstürzt. Dann später zum Beispiel die vielen Buchstaben überall H-A-L-T-E-S-T-E-L-L-E oder M-I-G-R-O-S. Oder auch, was Papa und Mama tun, wenn sie die Tür zumachen, und Mama miaut so komisch. Aber unser allmähliches

Verstehen hilft uns nicht viel. Die Zahl der Rätsel wird immer größer. Noch heute träume ich davon, einmal eine kurze Minute der Erkenntnis lang *alles* zu verstehen. Aber nein. Ich muß es aushalten, nichts zu wissen, fast nichts. Ich Hefe-Tierchen.

Franz Kafka, der auch nicht der Ansicht war, seine eignen Rätsel lösen zu können, obwohl er genau das ein Leben lang versuchte, schrieb den schönen Satz: »Das Geheimnis sitzt nicht verkrochen im Hintergrund. Es steht – im Gegenteil! – ganz nackt vor unsrer Nase. Es ist das Selbstverständliche. Darum sehen wir es nicht.« So ist es, ihr Hefe-Viecher! Grämt euch nicht. Wir trinken an Silvester ein Cüpli[1] auf euer Wohl.

15. 12. 1986

---

[1] Ein Glas Champagner

Die heilige Geschichte

Ich glaube nicht, daß ich *glaube*, obwohl mir oft etwas anderes als der Verstand den Weg weist. Eher denke ich, daß niemand aus freien Stücken glaubt. *Es* glaubt in einem. Ach, auch ich glaubte gern an die machtvolle Liebe eines Gottes, der mich schützt. Es will mir nur nicht gelingen.

Aber kraftvolle Geschichten beeindrucken mich, und die Bibel enthält ungemein kraftvolle Geschichten. Kein Wunder, sie ist ja Gottes Wort. Gott fand, als er beschloß, Dichter zu werden, beneidenswerte Bedingungen vor: hatte stets das erste Wort, während wir inzwischen eher mit dem letzten beschäftigt scheinen. Natürlich wurde sein Buch das Gesetz; blieb es, dank der Kraft seiner Flammenwörter, fast zweitausend Jahre lang. Dennoch teilt es, glaube ich, inzwischen das Schicksal seiner kleineren Nachfolger. Es ist machtlos geworden. Vielleicht ist seinem Schöpfer die gesamte Schöpfung aus dem Ruder gelaufen, und er lebt, falls er noch lebt, hilflos irgendwo im Abseits, ähnlich wie wir.

Die Weihnachtsgeschichte war ihm so wichtig, daß er sie gleich viermal schrieb. Niemand bis heute kann denn auch jemals wieder vergessen, wie der Engel zu Maria sagt, sie werde ein Kind gebären. Wie das ungleiche Paar nach Bethlehem zieht. Wie der Stern leuchtet. Wie die Könige im Stroh knien. Und wie dann, kaum ist die heilige Nacht vorbei, die kleine Familie vor den Mördereien des Herodes ins ferne fremde Ägypten fliehen muß.

Vergessen aber hatte ich die gelassene Ruhe, mit der Gott eine Ungeheuerlichkeit nach der andern erzählt. Jene Geschichte der Elisabeth zum Beispiel, mit der er, als sei er sich seines heiligen Geists nicht sicher, die jungfräuliche Empfängnis schon einmal testet. Daß Johannes, das Kind dieses Versuchs, so arm dran ist, daß er Heuschrecken fressen muß. Oder auch, wie Gott, über 42 Generationen hin, die Zeugungskraft der Nachkommen Abrahams rühmt – der zeugte den, und jener zeugete diesen –, bis er jäh bei unserm Joseph landet, der, als einziger, eben *nicht* zeugete. Oder die vielen Engel! Die unzähligen Träume, die den Träumern sagen, was sie tun müssen, und sie tun es! Oder auch jener Simeon, dem prophezeit wird, er werde auf der Stelle sterben, wenn er den Sohn Gottes erblicke, und er erblickt ihn und *frohlockt*: sterbend. – Und vieles mehr. – Geschichten, die wir einem Autor, der sie uns heute erzählte, nur sehr zögernd abnähmen.

Ich bin einmal im heiligen Land gewesen und habe erfahren, daß Maria, Joseph und ihr Sohn nicht nur gottesfürchtig, sondern auch zäh und gesund waren. Der Weg von Nazareth nach Bethlehem ist weit. Steine und Dornen. Aber dieses Bethlehem dann! Es war unglaublich. Weit und breit kein Hinweis auf die Besonderheit des Orts! Niemand verkaufte Jesus-T-Shirts! Ringsum

Schafe wie ehedem, unter einem ewigen Himmel. – Das brachte mich auf die ketzerische Idee, wie es denn wäre, wenn die großen Religionen die Obhut über ihre heiligen Zentren jeweils den andern überließen? Die Moslems kümmerten sich mehr schlecht als recht um Rom, die Buddhisten ließen Jerusalem Jerusalem sein, und wir sorgten mit jener Nachlässigkeit, die der Weihe eines solchen Orts gut täte, für den Tempel von Konarak. Vielleicht kehrte überallhin etwas vom Geiste jener frühen Tage zurück, da der arme Jesus einer war, der, versuchte er es heute, keinen Fuß auf unser teures Pflaster brächte.

22. 12. 1986

Gute Vorsätze

Vor genau einem Jahr faßte ich, weil man das an Silvester so tut, für 1986 viele gute Vorsätze und schrieb sie auch auf. Sie füllten eine ganze Seite. Leider habe ich nicht den Mut, jene vergilbten Seiten wieder aufzuschlagen. Vermutlich jedoch versprach ich, die Welt zu retten, denn das tue ich schon lange. Versprechen, meine ich, nicht retten. Obwohl. Die Welt steht ja noch. Soll mir einer *beweisen*, daß ich keinen Anteil daran habe.

Auch für 1987 nehme ich mir einiges vor. Und diesmal vergesse ich keinen meiner Vorsätze! Jede meiner Kolumnen wird die Welt verändert zurücklassen, schöner! Ein Wort, und Blumen brechen durch den Asphalt – und wenn nicht, schreibe ich es das nächste Mal *kursiv*. Ein fast vergessener Lebensmut wird uns erneut durchrieseln. So wird es sein. Und den Profiteuren auf Kosten anderer, meinen Feinden, werde ich so sorgsam austarierte Sätze entgegenschleudern, daß ihnen Soll und Haben vergeht. Keine Bumerangs, das verspreche ich mir. Ich bin doch kein *australischer* Kolumnist.

Und sonst? Ich werde die Schweiz, meine liebe Schweiz, in eine Art ideales China verwandeln: nur noch Fußgänger und Velos, und dann und wann ein Tram. Die Rigibahn. Eine Ruhe wie einst und eine Luft wie sie gesetzlich vorgeschrieben ist. Die Bäume schlagen, als seien sie junge Rösser, wieder aus, und kaum eine Arve muß noch notgeschlachtet werden, weil unser Unverstand sie kaputt gemacht hat. Kein Mensch auch.

In einer spätern Kolumne dann, etwa im Juni, werde ich unsre Demokratie in jenen herrlichen Farben malen, die sie verdient: und das wird vielen klugen sinnlichen humorvollen Frauen und Männern so zu Herzen gehen, daß sie auf der Stelle Politiker werden: so daß uns in Zukunft nicht mehr *ausschließlich* Stammtischler mit Eigeninteressen, dynamische Kaderleute mit Englischkenntnissen und Zahnärzte mit dem Charme von Angstbeißern regieren. Blocher[1], Koller[2], Wagner[3]. Genau: Namen werde ich nennen, denn die Gründe für unser zunehmendes öffentliches Unglück haben Namen. – Aber auch die, die sich auf der Seite der Schwachen sehen, werden 1987 nicht mehr *ununterbrochen* entrüstet (weil die Welt schlecht ist) oder *ständig* aufgestellt sein (weil die rechte Gesinnung auch ein Leben im Falschen heiter macht).

Sonst noch was, Urs? Nie mehr werde ich ein weiteres Glas trinken, wenn meine innere Stimme, mein verschwiegenster Teil, mir zuraunt, du, laß dieses Fanta. Und ich werde völlig unaufgefordert abwaschen. Und wenn dann endlich, Ende August, der Verwaltungsrats-

[1] Christoph Blocher, svp-Nationalrat
[2] Arnold Koller ist Bundesrat seit dem 1. 1. 1987, Vorsteher des Militärdepartements
[3] Thomas Wagner, Zürcher Stadtpräsident

präsident der Sandoz AG in der Tagesschau ein Glas Rheinwasser trinkt, zwischen Trachtenmädchen und mit einer schnellen Blende nach dem Schlucken, schicke ich ihm Blumen in die Intensivstation.

Vor einem Jahr schrieb ich, ich wünschte mir Leser wie Groucho Marx, oder wie Karl – so genau weiß ich das jetzt nicht mehr. Inzwischen habe ich einige kennengelernt, und ich muß sagen, sie haben meine Hoffnungen weit übertroffen. Karl und Groucho in einem. Aber natürlich bin ich auch anderen begegnet. Ein älterer Herr zum Beispiel meinte, ich sei auch so einer, der sich seine Regenbogenkarte von Moskau bezahlen lasse. Und kürzlich sagte eine noch junge Dame ziemlich eisig zu mir, früher sei alles besser gewesen, vor allem aber die Kolumnisten.

Diesen beiden, und Ihnen allen, wünsche ich ein gutes neues Jahr, und mir auch.

29. 12. 1986

Verschwundene Landschaften

Manchmal packt mich eine wilde Sehnsucht nach Landschaften, die von diesem Erdball verschwunden zu sein scheinen. Ich sehe mich dann, erlöst aus unserm schwefelgesättigten Tiefnebel, in einer südlichen Gegend an einem Steintisch sitzen. Es ist warm, und ziemlich fern blinkt blau ein Meer. Vögel, mit Grillen um die Wette lärmend. Die größte Bedrohung: daß abends ein Gewitter aufziehen könnte. Ich schöpfend mit dem heitern Schwung eines Unschuldigen.

Als Goethe vor zweihundert Jahren durch das Birstal ritt, glich dieses einer Urwaldlandschaft. Jede Wette, keiner von uns hätte es erkannt. Vom Alter hingestreckte Eichen, efeuumwuchert, das Wasser fließend wo es konnte, und sogar die Felsen der Klusen hatten andere Formen. Immer schon hat sich die Natur gewandelt: wenn man ihr Zeit ließ, sogar ganz von allein. Uns Heutige strengt eher an, daß sie sich inzwischen schneller verändert als wir selbst es tun. Früher war ein Gletscher langsamer als ein Mensch. Heute, wenn wir einen Wanderweg entlangmarschieren, werden wir von Gletscherzungen überholt, die sich ins Innere der Berge zurückziehen.

Mit einem Freund fuhr ich (vor bald dreißig Jahren)

über eine hitzeglühende Ebene in Spanien. Eine schnurgerade Straße von Horizont zu Horizont. Irgendwann einmal ein einzelner Baum. Wir stellten das Auto in den Schatten und schliefen ein paar Stunden, und als wir wieder aufbrachen, fuhr mein Freund in die Richtung los, aus der wir gekommen waren. Ich konnte rufen wie ich wollte, mein Freund glaubte mir nicht, und so habe ich von Spanien die eine Hälfte gar nie und die andre zweimal gesehen.

Auch Delphi soll es ja noch geben. Als ich dort ankam (das ist auch schon eine Weile her), war ich der einzige Mensch in jenem götternahen Felsenrund. Die Sonne versank eben im Horizont. Natürlich habe ich seither nie mehr etwas so Stilles gehört. Etwas so Lautes. Denn die Berge schrien – waren es die vielen Adler, die weit oben kreisten, oder die Verurteilten, die jeden Abend erneut von den Klippen gestoßen wurden? Als ich endlich zurückging, dachte ich ohne jede Ironie jene Gedanken, die dann am großartigsten sind, wenn man sie zum erstenmal fühlt: daß das All groß sei und der Mensch ein Nichts.

Ein paar Tage später war ich wieder in dem Felsentheater. Es war wieder Abend, aber auf der Marmorsteinbühne stand nun ein Klavier. Ein paar Leute auf den Stufen. Ich wollte gerade weitergehen, als hinter ein paar Säulen hervor ein Mann kam, tappend wie ein Blinder, geführt von einer Frau. Er *war* blind. Setzte sich ans Klavier und begann sofort zu spielen, gewaltig, und gewaltig schlecht, etwas von sich selbst, das wie etwas aus

Beethovens taubsten Tagen klang. Die Zuhörer saßen wie Verurteilte. Die Töne hallten von den Felswänden wider, über denen die Adler bewegungslos flogen. Plötzlich (ich war nicht ganz aufmerksam gewesen) verhedderten sich die Finger des Pianisten, hörten ganz auf, schwebten ratlos über den Tasten und spielten dann, noch donnernder, die Passage, die sie gerade eben schon gespielt hatten. Dann hörte der Mann ganz auf. Saß wie tot. Die Frau rührte sich nicht. Auch wir auf den Theaterstufen blieben stumm. Der Klavierspieler hatte sich in Stein verwandelt.

Keiner, auch ein Stärkerer nicht, hätte an diesem Ort dieses Stück zu Ende spielen können. Dort herrschten immer noch die Grillen, in denen die Seelen der zu Tode Gestürzten sangen.

5. 1. 1987

Unser museales Jetzt

Wenn mich die Gegenwart wieder einmal beutelt, rette ich mich zuweilen in ein Museum, betrachte ein Bild von Rembrandt oder meinetwegen auch eine antike Sitzbadewanne und warte, bis ich erneut ein Gefühl von Dauer spüre. Und in der Tat geht es meist nicht allzu lange, und die Dinge *sind* wieder, *bleiben*, und auch ich fühle mich erneut so als bliebe und sei ich.

Ich brauche diese Schutzräume, in denen die Zeit stehen bleibt, und andere brauchen sie offenkundig auch. Wieso sonst gäbe es so viele Museen, mehr als Fitneß-Zentren, und warum wären sie alle so voll? Die mit den Bildern sowieso: aber auch in den Konzertsälen – den Museen für Töne – wird auf Teufel komm raus Mahler geblasen und Bruckner getutet. Im Theater Schiller und Miller, in der Oper Bellini Puccini Rossini. Es gibt *jedes* Wort zu kaufen, das Goethe geschrieben hat, und viele von denen, die er gesagt hat. Die Vergangenheit ist zugänglich wie noch nie, und natürlich möchte auch ich diese Wunder nicht missen.

Andrerseits: ist das Jetzt denn *so* entmutigend? Es muß wohl so sein, denn sogar traditionell unhistorische Künste werfen immer häufiger erinnernde Blicke nach hinten. Die Kinos zeigen uns beunruhigend oft Casablanca. Frauen, früher Wesen von unbestreitbarer Gegenwart, tragen Kleider, die mich an die süßesten Tage meiner Mama erinnern. Der Jazz? Dexter Gordon klingt, wenigstens im Film, auch nicht von heute. Und kürzlich habe ich am Fernsehen ein dreißig Jahre altes Fußballspiel gesehen! Ach, sogar der Fallrückzieher, mit dem Jacky Fatton 1954 das 4 : 1 gegen Italien schoß, hat seine Nische in unserm Museum der allzeit bereiten Erinnerungen gefunden.

Es ist nämlich das Elende an den lebenden Künstlern, daß sie leben. So lange sie so vorläufig wie ihre Mitmenschen sind, so blöd sterblich, können diese nicht nach Herzenslust über sie verfügen. Fühlen sich unwohl mit ihnen. Wie Max Frisch zu mir sagte, als wir wieder einmal den Nobelpreis nicht bekommen hatten: Spitteler müßte man sein. Tot müßte man sein. Ein toter Spitteler müßte man sein.

Einst war *alle* Kunst modern. Sogar der hinterletzte Mist war blitzneu. Mozart: Woche für Woche ein Divertimento, das stets eine halbe Stunde vor Redaktionsschluß fertig wurde. Noch zu Debussys Zeiten wurde in Konzerten Debussy gespielt, und wenn nicht, dann eben Saint-Saëns. In den Theatern gingen die Autoren nur so auf und unter. Die dicken Schmöker in den Tagen von Dickens waren von Dickens. Alle waren gnadenlos zeitgenössisch.

Heute ist das nur noch die Pop-Musik. Kein Wunder, daß die Jungen so auf sie abfahren. Überall sonst stoßen sie auf ihre Väter, die schon länger als sie die Museen besuchen. – Sonst fällt mir eigentlich nur noch die Fernseh-Werbung ein. In der Tat *muß* der Spot von gestern vergessen werden, weil wir heute ja etwas Neues kaufen sollen. Trotzdem kann ich mir gut vorstellen, wie wir im Jahr 2020 alle zusammen im Filmklub sitzen, wir Museumsfreaks, und uns die alten Klassiker ansehen. Den Camel-Mann. Die Whiskaskatze. Und Ruedi Walter, wie er uns mit dem Charme besserer Tage ein Fertig-Fondue andrehen will.

Ich weiß nicht recht, was für Schlüsse ich aus all dem ziehen soll. Es ist wie es ist. Die Gegenwart war noch immer schwerer zu spüren als die Vergangenheit, und eigentlich sogar auch als die Zukunft.

12. 1. 1987

Die Winde der Wende

Wenn ich einen Politiker der (bundesdeutschen) CDU fragte, was denn diese Wende sei, von der er so gern spreche, antwortete er mir vermutlich, nun, sie sei die längst überfällige Rückkehr zu konservativen Werten: zu Familie, Vaterlandsliebe, Eigenverantwortung, Sicherheit, Ordnung. Und daß der, der etwas leiste, dafür auch angemessen belohnt werde.

Konservative Politik liegt notwendig in einer der beiden Schalen jener Waage, die wir Demokratie nennen. Sie ist aus unserm Leben, auch wenn wir es noch so veränderungsmutig planen, nicht wegzudenken, weil jeder von uns jede Menge beharrender Sehnsüchte in sich trägt. Sowieso gelten die alten Fronten nicht mehr (wie ich schon in »Lechts und rinks« ausführte).

Das Beklemmende am neuen Nordwind (der kluge CDU-Mann hat uns natürlich einiges verschwiegen) scheint mir denn auch nicht zu sein, daß er Konservatives zu neuem Ansehen bringt, und eigentlich noch nicht einmal, daß wieder einmal die Reichen reicher und die Armen ärmer gemacht werden sollen, sondern daß er (weit über alles Konservative hinaus) das seit Generationen eingeschliffene innere Programm jener vielen wiederbelebt, die die vergangenen tausend Jahre nicht als

Schmerz über eine oft schreckliche Geschichte, sondern als die nur mühsam auszuhaltende Kränkung erlebt haben, daß sie die letzten paar Kriege nicht gewonnen haben. Für sie legitimiert die Wende endlich wieder die seit dem Teutoburger Wald von Hermann zu Helmut weitervermittelte Erfahrung, daß man seinem Nächsten am besten gleich eine aufs Maul haut, wenn man ein Sieger werden will, und daß das sogar Spaß macht.

Ich habe in dieser Bundesrepublik unzählige Menschen kennengelernt, die ein ganz anderes Deutschland zu leben versuchen: heiter, leicht, und mit jener Trauer, die seiner Vergangenheit angemessen scheint. Ich gäbe viel darum, unrecht zu haben. Vor allem aber frage ich mich: welche innern Programme werden eigentlich in *uns* belebt: wo uns doch auch längst ein Wendelüftchen um die Nase weht? Oder bläst da gar ein vergleichbarer Sturm, den wir nur deshalb als Flaute erleben, weil unsre durch eine uralte Formel verzauberte Regierung wie ein Windschutz davorsteht? Uns eine unveränderbare Schweiz vorgaukelnd? Ist vielleicht nicht gerade dieses wohlig-vertraute Gefühl, bei uns bleibe ja sowieso stets alles so wie es immer schon war, jenes fatale innere Programm, das vertrauensvoll zu fühlen uns irgendwer, der ja vielleicht doch unsre Kulissenregierung ist, immer dringlicher auffordert? Sagt uns *unsre* Wende nicht, daß es uns nur dann gut gehen wird, wenn wir, was auch immer geschehe, keinen Laut von uns geben und alles Fremde von uns weisen? Wie schon die Alten sungen: Psst!, und nicht Heil?

Oh, hätte einst jemand eine Filmkamera hoch über unsre Schweiz gehängt, und heute könnten wir die letzten vierzig Jahre im Zeitraffer ansehen, in zehn Minuten. Wir würden schreiend aus den Kinos stürzen, so unerträglich rasant schössen Häuser aus der Erde, legten sich Straßen über Wiesen, verschwänden Wälder. Sähe es in unsern Köpfen drin ähnlich aus? Gewiß jedenfalls wetzten wir wie wahnsinnig gewordene Ameisen in unsrer in Aufruhr geratenen Heimat herum: mit feinen Stimmchen rufend, daß es doch herrlich sei, daß immer alles gleich bleibe.

19. 1. 1987

Die Sprache der Liebe

Als ich ein Bub war, entdeckte ich auf Mauern und Wänden zuweilen geheimnisvolle Zeichen, die ich nicht deuten konnte und die mir dennoch Wichtiges zu sagen schienen. Sie sahen entweder so ᛒ oder so ᛥ aus. Waren sie Zaubersignale geheimnisvoller Zigeuner? Schlüssel zu den Türen verbotener Geheimnisse, oder die Türen selbst? Ich wußte es nicht. Ich spürte nur, daß andere Zeichen, etwa ᛉ oder ᛢ eine viel geringere magische Ladung hatten, ganz zu schweigen von ᛰ oder ᛏ.

Inzwischen weiß ich, auf was die Botschaften von damals zielten. Auch ich habe hinter einige der sieben Schleier geschaut, die die Welt der Erwachsenen von der der Kinder trennen. Gelöst allerdings habe ich das Rätsel, von dem die Runen so einfach und deutlich sprachen, heute noch nicht. Wie sonst fühlte ich mich seit dreißig Jahren angetrieben, immer erneut prüfen zu müssen, ob alles noch so ist wie beim letzten Mal?

Trotzdem, gottseidank oder leider, ist das Geheimnis im Lauf der Zeit kleiner geworden. Ich tappe nicht mehr völlig ahnungslos im Dunkel meiner Liebesnächte herum. Umso verblüffter bin ich heute, daß es mir nach wie vor nicht möglich ist, über die einfachen Fakten dessen, wofür die beschwörenden Zeichen stehen, mit simplen Worten zu sprechen. Etwa so wie ich »Heute scheint die Sonne« sage, nicht herzvoller, aber auch nicht kühler. Mir fehlen mindestens solche Wörter, die weder verabredete Metaphern noch so eindeutig fühllos sind, daß sie mir, wenn ich sie dann doch zu jemandem sage, jedesmal wie Ohrfeigen vorkommen.

Auch andern aber verschlägt es die Sprache, wenn sie von dem sprechen sollen, was die Bienlein genau gleich wie wir tun – sogar denen, die sich just das vorgenommen haben. Die gröbern schreiben einfach die groben Wörter hin, und wir – ich jedenfalls – kriege feuchte Lefzen wie die Pawlowschen Hunde. Die klügern überlassen es den Lesern, das zu denken, was sie nicht hinschreiben. Keiner sagt ohne Eiertänze, was zu sagen ist. Wie sollten wir es ihnen auch vorwerfen! Sogar die Maler, die doch eigentlich nur hinschauen müßten und das Geschaute dann malen, erstarren seit zweitausend Jahren in selbstgewählter Bildlosigkeit. Ja: seit meinen zartesten Mannesjahren spähe ich in allen Museen immer erneut nach Liebesakten in Öl und finde doch stets nur Kreuzigungen. Dabei wird doch in unsrer Welt wesentlich mehr geliebt als gekreuzigt, oder irre ich mich da auch?

Auch wenn unsre kollektive Prüderie, Erbe einer langen Tradition, mit im Spiel ist: ist es nicht herrlich, daß wir, die wir die komplexesten Dinge des Herzens und des Hirns zerreden bis wir nichts mehr wissen und spüren, angesichts der Liebe mit offenen Mäulern dastehen? Es gibt nichts zu sagen! Die Liebe ist zwar nicht still, aber wortlos! Nicht weil jene sympathische Frau in dem uralten Witz kurz vor dem Höhepunkt »Apropos, wir müssen die Decke wieder einmal weißeln« sagt, geht er uns als Menetekel unsrer eignen Leidenschaften unter die Haut, sondern weil sie überhaupt spricht.

Kürzlich bin ich zu den Mauern meiner Kindertage zurückgekehrt. Der Regen der Jahrzehnte hatte die Zeichnungen ziemlich verändert. Die eine, die gefiederte Kaffeebohne, war ganz verschwunden, und die andre sah nun so aus: ⌇. As time goes by. Auch magische Runen werden älter, wie die Menschen, an die sie sich einst richteten.

26. 1. 1987

Ist die Aufklärung gescheitert?

Aufklärung heißt jene Form des Denkens, das versucht, den Vorurteilen, die uns umlauern, nicht auf den Leim zu gehen, sondern die Erscheinungen des Lebens mit Vernunft zu verstehen. Wir alle haben das mühsam genug von unsern Ahnen gelernt, und oft mit dem Übereifer von Konvertiten: so daß unser vermeintliches Vernunftdenken zuweilen über alle Ziele hinausschießt und vergißt, daß wirkliche Aufklärung nicht nur einen Kopf, sondern auch ein Herz hat.

Immer häufiger aber höre ich, o weh, es sei ja längst aus mit der schönen Autonomie des Kopfs. In unsern Gehirnen wabere erneut ein diffuses Gequalme, von wem auch immer da hineinpraktiziert, und *adieu* du heiter-logisches Argumentieren in den lichten Himmeln der Gedankenfreiheit! In der Tat wundere auch ich mich oft, mit welcher Zähigkeit wir alle an den irrsten Phantasien festhalten als seien sie unumstößliche Wahrheiten. Auch ich reite an einem Freitag, der auch noch ein 13. ist, über keinen Bodensee, und sei er noch so zugefroren.

Aber seltsam: dieselben Menschen, die mir, wenn ich abends ein Bier trinken gehe, sehr ernsthaft erläutern, wieso der Vollmond die Männer impotent macht oder daß Knoblauchpillen ein hohes Alter garantieren, wissen ganz genau, wer sie bescheißt, und wie. Nicht einer glaubt, auch wenn der Fernseher es ihm täglich sagt, daß Persil besser als Omo schmeckt. Keiner geht, wie vielleicht sein Vater noch, in Demutshaltung zum Anwalt oder zum Arzt als sei der der liebe Gott. Jene Vorgesetzten, die nicht mehr sind als verkleidete Abwarte alter Prägung, haben nirgendwo mehr auch nur den Hauch einer Chance. Müssen sich heute nicht überall Autoritäten durch das legitimieren, was sie tun und sagen, auch wenn es just zuweilen das Eingeständnis ist, daß sie nicht mehr weiter wissen?

Es waren einst Intellektuelle, die den schönen Traum der Aufklärung – unabhängiges Denken ohne Rücksichten auf Machtverhältnisse – durchsetzten und dafür auch ins Gefängnis gingen. Dann waren es die klügern unter den Machern, die ihnen ihre Denkweise abluchsten, weil sie begriffen, daß nur mit effizienter Rationalität Geld zu verdienen war. Und noch später übernahmen auch viele Politiker aufgeklärtes Denken, oft, etwa bei der Gründung unsres Bundesstaats, zu unserm Vorteil. Viele viele Jahre blieb die Aufklärung dennoch etwas von denen »oben«. Das Volk blieb »dumm«.

Heute aber neigen just die, deren Ahnen einst die Aufklärung befördert hatten, zu Verhaltensmustern, die fast schon wieder mittelalterlich wirken: manche Intellektuelle, einige Macher, und viele Politiker. Nie dürfen sie sich schwach zeigen! Immer müssen sie eine Antwort wissen! Nie zweifeln sie! Ja: zunehmend zeigen gerade die Leithammel der Gesellschaft ein »dummes« Verhalten, und wir Herdentiere schauen ihnen mit zunehmendem Unglauben zu. Ist die Aufklärung ins Volk herabgesunken und dort zu einer Art illusionslosen Vernunft des permanenten Mißtrauens geworden? Sind inzwischen die oben »dumm« – gar wir unten »klug«? Dabei galt doch unter unsern Hirten bis gerade eben noch als ausgemacht, daß wir aus der Herde uns nur deshalb immer häufiger von ihnen abwenden, weil wir nicht mehr drauskommen. Es sei alles zu schwierig geworden. O Schreck! Vielleicht ist es fast schon wieder einfach? Wir beginnen doch mindestens zu ahnen – ein aufgeklärter Rest! –, daß die, die immer stark sind und nie Zweifel haben, die Lösungen für unsre öffentlichen Rätsel auch nicht kennen.

2. 2. 1987

Die weisen Babys

Kürzlich las ich, daß kleine Babys überhaupt nicht so blöd seien wie sie aussähen. Sie könnten sich von der ersten Sekunde an an den Fingern der Hebamme anklammern und nach wenigen Monaten schon die eigne Mutter erkennen. Der Aufsatz traf ins Herz meiner Vermutungen. Seit langem nämlich argwöhne ich, daß die Kinder uns Großen weit weit voraus sind. Je Baby desto weise. Sogar ein großes Zwölfjähriges ist uns ja noch deutlich überlegen. Vor den Fünfjährigen stehen wir staunend. Wie muß es erst im Herzen und im Kopf der ganz Kleinen zugehen, die darauf verzichten, das Wort an uns zu richten? Sie wissen, wieso. Wir wären ihnen nicht gewachsen.

Die Weisheit der Menschen, so mein sich verhärtender Verdacht, nimmt im Lauf des Lebens ab. Schon die Achtzehnjährigen sind ähnlich auf den Kopf gefallen wie wir. Interessieren sich für den Hubraum des VW Synchro oder ob Daniel Hechter auf ihren Hosen steht. Meinen allen Ernstes, jenes gleichförmige Stampfen während des Erzeugens einfacher Harmonien heiße Rhythmus.

Die Weisheit der Zweimonatigen können wir nicht ermessen. Niemand von uns Großen erinnert sich auch nur der Spur nach. Aber noch die Fünfjährigen, obwohl vom Anpassungsdruck schon ziemlich zerquetscht, können Sätze von schwer auslotbarer Tiefe sagen. »Papa, ich wäre lieber ein Teppich!« – »Der Tisch hat Hunger.« – »Ich will heute nicht in den Kindsgi!« – Die reife Selbstsicherheit der Einjährigen hat dem Buddha der Chinesen als Modell gedient. Ihr Gott ist, anders als unsrer, ein ewiges Baby. Dick strahlend falten- und wortlos.

Denken diese Babys den ganzen Tag über *nichts* und haben Kopf und Seele voller Reichtümer? Während wir ununterbrochen *etwas* denken, was zum Verzweifeln oft »nichts« ist? Aber *was* denken die kleinen Weisen? Wie? Alles gleichzeitig? Alles gleichwertig? Wissen sie ganz selbstverständlich über sich und ihre Welt Bescheid? Nimmt das dann ab bis hin zu unserm Tod, wo wir kaum noch eine Ahnung haben? Nennen wir den lebenslangen Abbau an Weisheit deshalb Fortschritt, weil wir alle (außer den ganz Unglücklichen) ununterbrochen aus unsern Nöten Tugenden machen?

Vielleicht also ist im Gegenteil in unsrer Erbstruktur das fortschreitende Vergessen nicht radikal genug angelegt! Noch als Achtzigjährige wissen wir zuweilen, daß gestern Sonntag war. Ich kannte einen, der war am Schluß seines Lebens so gedächtnislos, daß er seine Tochter fragte, wie sie heiße, und, nachdem er die Antwort bekommen und vergessen hatte, wer denn *er* sei. Er war glücklich. Sein Alter war so vollkommen, daß es erneut der Weisheit glich. Er streichelte Wölfe auf Waldspaziergängen. Spürte keine Lust und keinen Mangel. Machte nicht eine einzige Erfahrung mehr. Starb ohne sich zu fürchten und zu freuen.

Es gibt jenes Modell einer Welt, in der die Menschen als Alte geboren werden und rückwärts auf das Ziel hin leben, winzigklein im Mutterleib zu verschwinden. (In den ersten Jahren des Lebens ist diese Mutter noch nicht da; taucht jäh auf, noch älter als man selbst; verjüngt sich im Generationenabstand hinterher.) Zwar kennt man die Stunde seines Endes: aber da man irgendwann einmal in den Zustand der Babyweisheit eintritt, macht einem das nichts aus. Da liegen wir endlich auf dem Wickeltisch und krähen. »Mama! Tragen gewerden!« Lernen jenes Denken kennen, das wir verloren haben. Ein Traum? Ein Traum.

9. 2. 1987

Privates Jubiläum

Mehr oder weniger auf den Tag genau vor zwanzig Jahren saß ich in einem Estrich eines Hauses in Frankfurt, spannte ein Papier in die Schreibmaschine, haute auf die erste Taste und *wußte*, ich hatte so etwas wie mich gefunden, meine Art zu sprechen: war nicht mehr der Papagei der Sprechweisen der andern. Ich saß so erregt an den Tasten, daß ich mich nicht zu rühren traute. Nur die Finger ratterten, so sehr hatte ich Angst, durch eine falsche Bewegung könnte der Zauber verfliegen.

Geschrieben hatte ich ja schon früher. Schon als Bub füllte ich Schulhefte mit Geschichten, und als Halbwüchsiger (als Ganzgewachsener sowieso) dichtete ich fünfaktige gereimte Dramen, in denen der Held vier Akte lang so eifersüchtig auf seinen Rivalen war, daß er erst im fünften bemerkte, wie sehr die geliebte Frau just *ihn* begehrte. (Im wirklichen Leben irrte ich meist irgendwo zwischen Akt 1 und 4 herum.) Ich hatte auch schon Romane verfaßt. Einer zum Beispiel, ein sehr dikker, paraphrasierte meine Passion zu einer um Jahre älteren Frau, die ich geschlagene drei Jahre lang ins Kino geführt hatte, und an besonders innigen Abenden kriegte ich unter der Haustür einen Kuß auf die Stirn. Der Roman war dann wie meine Leidenschaft: schiefgegangen.

Jetzt also im Estrich. Ich wohnte nicht freiwillig dort unterm Dach, den Hintern auf einem Schemel, die Maschine auf einer Kiste. Der Grund war, daß mein Vormieter, ein Herr Bayer, meine eigentliche Wohnung renovieren sollte. Tatsächlich stand er hie und da auf einer Leiter. Nie vorher hatte ich jemanden so viel reden hören. Ich lächelte ständig, unfähig, Herrn Bayer anzubrüllen: der typische Eidgenosse. Aber wer weiß, vielleicht wären mir an einem aufgeräumten Schreibtisch jene Sätze nie geglückt. Ich sehe sie heut noch vor mir, die hitzeglühenden Buchstaben, geschrieben auf jener Olivetti, auf der schon meinem Vater die Romane mißglückt waren.

Eine seltsame Zeit damals, vor zwanzig Jahren. Ich kaufte eine rote Indianerjacke, deren leuchtende Farbe mich so blendete, daß ich die Augen zusammenkneifen mußte: aber heute ist sie dunkel wie Burgunder und war es wohl damals schon. – Einmal stand ich, als Indianer eben, mit meiner Frau vor unserm Haus, und ein Mann mit einem Hund kam daher. Ich machte einen Reim über den Hund, und der Mann zog eine Pistole und entsicherte sie und sagte, er werde mich jetzt erschießen. Lange standen wir uns gegenüber, und der Mann schlug mir die Pistole rechts und links um die Ohren. – Hätte er abgedrückt, schriebe heute ein andrer diese Kolumne.

Ich besuchte zwei-, dreimal auch ein Lokal, das *Revolution* hieß. Ein harmloses sehr lärmiges Etablissement. So um 1972 herum hieß es plötzlich *Yes*. Heute ist es abgerissen. Das Leben schreibt jene Geschichten, die ein paar Jahre später wie die wildeste Fiktion klingen.

Die Erregung des Beginns zu bewahren ist nicht leicht. Es ist wie in der Liebe. Auch wenn das Sprichwort behauptet, aller Anfang sei schwer: schwer ist das Weitermachen. (Entsetzlich vermutlich das Ende.) – Die Olivetti übrigens fiel mir später dann vom Balkon und erschlug beinah einen Hund, einen andern. Sie war krumm und kaputt. Stand dann lange herum. Gestern, um mein Jubiläum abzurunden, habe ich sie dem Sperrmüll mitgegeben, meine kleine Schreibmaschine, auf der ich mein erstes eigenes A tippte, und ein !, das einem Jubelschrei glich.

16. 2. 1987

Wir Terroristen

Ein Schweizer und eine Frau aus der Bundesrepublik wollen heiraten: das wäre nicht so ungewöhnlich, wäre die Braut nicht ein ehemaliges Mitglied der »Roten Armee Fraktion«. Eine also, die wir Terroristin nennen.

Viele, auch die Heimatgemeinde des Bräutigams und die Stadt Zürich, sind sicher, daß die geplante Eheschließung nur ein Trick ist, die Frau vor einer Auslieferung an die Bundesrepublik zu bewahren. Dort wartet nämlich ein weiteres Verfahren auf sie. Allerdings entginge sie, wenn sie Schweizerin würde, einer Gerichtsverhandlung nicht: nur fände diese dann bei uns statt, nach unserm Recht.

Vielleicht immerhin *wollen* die beiden heiraten? Was wissen wir von den Herzen anderer? Die beiden zukünftigen Eheleute müssen ja eigentlich wissen, was sie tun. *Sie* haben dann die Probleme am Hals. Nicht wir. Wenn die Schweiz niemanden ertrüge, der irgendwelchen verkrusteten Dreck am Stecken hat, müßten ganz schön viele von uns auswandern.

Muß ich jetzt betonen, daß mir jegliche Gewalt ein Greuel ist? Ich fürchte, ich muß. Immer wieder bin ich, weil ich Bekenntnisse dieser Art für ebenso selbstverständlich wie peinlich hielt, in Töpfe geworfen worden, in die hinein ich weder wollte noch gehörte. Schmerzlich oft ruft der Wald nicht heraus, was ich in ihn hineinrufe – schmerzlich für *mich*, meine ich. Kürzlich sagte ich zu einem Reichen, er habe mehr Geld als ich, und er kriegte rote Kulleraugen und schrie, ich sei ein Kommunist.

Terroristen: geben wir diesen Namen nicht inflationär oft und oft überschnell all jenen, von denen wir glauben möchten, daß sie mit uns nichts aber auch gar nichts gemein haben? Jenen völlig Fremden? – Bei vielen stimmt das ja auch: die Probleme der Araber oder Nordiren sind nur insofern unsre, als inzwischen *alle* Schwierigkeiten dieser Erde miteinander vernetzt zu sein scheinen.

Es gibt aber offenkundig auch Terroristen, die aus dem Herzen unsrer eignen Geschichte kommen. Oder zum mindesten aus der Geschichte der Bundesrepublik, die der Schweiz in vierzig Jahren Frieden sehr zu gleichen begonnen hat. Und diese (langsam tut mir das Wort weh:) Terroristen sind nicht so leicht zu verabschieden. Sie sind allzu sehr ein Teil von uns selbst: mit uns durch Erfahrungen und Erinnerungen verbunden. Die »Rote Armee Fraktion« zum Beispiel, heute wohl tatsächlich ein versprengter Haufe Verwirrter, stand vor zwanzig Jahren einem großen Teil der (deutschen) Bevölkerung verblüffend nahe. Ich kannte jede Menge Leute (ehrenwerte Bürger damals wie heute), die von Ulrike Meinhoff, die sie gut kannten, mit größter Hochachtung sprachen. Oder von Gudrun Ensslin. Überreizt und heftig waren diese Moralisten der RAF der ersten Stunde der bewußteste Teil des kollektiven schlechten Gewissens derer, die nach den mörderischen Jahren der Nazizeit nicht einfach zur Tagesordnung übergehen wollten und dennoch genau dies Tag für Tag taten. (Ihre Tragödie wurde dann, daß sie auf die Morde der Väter nur mit eigenen Morden zu antworten wußten.)

Deutsche Probleme, nicht unsre? Manche von denen, die wir so schnell wie möglich zu fremden Horrorfiguren machen möchten, sind dennoch von unserm eignen Fleisch und Blut. Natürlich hätten wir am liebsten gar nichts mit ihnen zu tun. *Wir* sind schließlich keine Terroristen. Nur, ohne uns gäbe es sie gar nicht. Ohne die vielfältigen Schulden, die unsre Geschichte aufgehäuft hat.

23. 2. 1987

Hütt isch wider Fasenacht

Der Verkehrsdirektor von Zürich hat den Baslern vorgeschlagen, ihre Fasnacht dieses Jahr in Zürich abzuhalten. Den Morgeschtraich im Niederdorf, und am Nachmittag stünde das Comité am Paradeplatz. – Ich weiß nicht, wie ernst er seinen Vorschlag gemeint hat: einer der Obern des einheimischen Fasnachtslebens rief jedenfalls sofort beschwörend in die Mikrofone, er sei sicher, ganz sicher, daß kein echter Fasnächtler, kein einziger, an die Limmat fahren würde. (Echte Fasnächtler sind Fasnächtler, die noch nie eine Fasnacht anderswo erlebt haben.) Und der Verkehrsdirektor von Basel, ein alter Freund von mir, brachte im ersten Schreck sogar die ganze Wahrheit über unsre gemeinsame Heimatstadt aus. »Für Scherze haben wir keine Zeit«, sagte er. »Wir haben Wichtigeres zu tun.«

Die nahezu panische Reaktion derer, die alljährlich erneut den Basler Witz so strukturieren, daß man ihn im Fernsehen übertragen und als Pauschalreise in Frankfurt oder Stuttgart anbieten kann, hängt natürlich damit zusammen, daß kurz vorher ein paar andere (Basler, nicht Zürcher) angeregt hatten, die Fasnacht heuer überhaupt ausfallen zu lassen. Die Initiantin dieser Denkpause war eine Schnitzelbängglerin, just eine der besten, jemand also, den die echten Fasnächtler nicht so leicht exkommunizieren konnten. – Natürlich kriegten die Freunde der Null-Lösung sofort eine auf den Deckel. – Die Angst der Offiziellen, am 9. März könnten sich alle Basler als tote Aale verkleidet auf den langen Trommelmarsch machen, wurde, wenn ich recht informiert bin, durch eine echt fasnächtliche Absprache eingedämmt, einfach gar nicht von dem stinkenden Ereignis zu sprechen. Im übrigen sehen Gasmasken ja fast wie Waggislarven aus.

Von zehn Menschen sind, *statistically speaking*, acht oder neun ziemlich humorlos. Das ist halt nun mal so, in China und in Sizilien und in Zürich. Nur gerade die armen Basler sind, mindestens während ihrer heiligen Tage, durch eine wahrhaft teuflische Tradition verpflichtet, ununterbrochen witzig zu sein. Gnadenlos. Das war immer schon schwierig, und es wird in diesem Jahr noch schwerer werden. Noch dringender als bis anhin wird jeder Bebbi jene geheime Datenbank benötigen, die er im Kopf trägt und aus der er sekundenschnell den jeweils besten Spruch abrufen kann. Frühantike Witze, wie neu. Im Jahre 1 n. S. wird das etwa so klingen: A (laut schreiend, obwohl B direkt neben ihm steht): »Jä lueg emoll do, Haiggi, e Luft in däre Beiz wie am erschte Novämber!« – B (ebenso laut): »Rächt hesch, Fätze, aber s Löschwasser isch besser!«

Ich kenne mich nämlich aus mit dem Basler Witz: war lange Täter und Opfer in einem. Ich war einst Mitglied der Fasnachtsnomenklatura! Der Präsident einer Clique, die heute eine mittlere Großmacht ist! Der jetzige Verkehrsdirektor trommelte damals unter meinem Befehl! Dann versoff mein Freund E. die Cliquenkasse, zusammen mit mir, und wir demissionierten hastig. Gründeten einen neuen Verein, dessen Leitspruch »Streng mit uns! Strenger mit euch!« war.

Einmal saß ich achtzehn Stunden am Stück in der Hasenburg. Als die fahle Sonne des Donnerstags schon längst wieder schien, spielten wir auf der Gasse mit Ballonen Fußball, besoffene Harlekine und übernächtigte Pierrots. Ganz ohne Fernsehkameras, und die echten Fasnächtler waren auch schon wieder in ihren Ämtern. Die Gnade des vollkommenen Augenblicks überschwemmte uns. – Ich wünsche allen überall, jetzt und in einer Woche, ein Gleiches.

2. 3. 1987

Innen und außen

So ungefähr das Schwierigste im täglichen Leben ist, die Innenwelt nicht mit jener außen zu verwechseln. Und umgekehrt. Die wirkliche Welt *ist* zwar so wie sie ist, fühllos und ohne sich um uns zu kümmern: aber was hilft uns das? Für uns ist sie dennoch stets nur das, was wir von ihr denken. Wir halten sie für herrlich oder schlecht (mal so mal anders), und dies meist mit einer so überwältigenden Unbelehrbarkeit, daß man meinen könnte, wir wollten sie tatsächlich, in einem göttergleichen Kraftakt, täglich neu davon überzeugen, daß *wir* ihr Boß sind. Daß es nicht umgekehrt ist. Kein Argument kann uns vom Glauben abbringen, daß sie nicht das sein *kann*, was wir unbeirrbar in sie hineinspiegeln. Der Traurige ist eben nach einigen traurigen Jahren überzeugt, alles sei arg traurig, während der frisch Verliebte seine Mitmenschen als ein aufgestelltes Völklein erlebt, das seine Freuden neidlos teilt.

Oft, zugegeben, ist es einfach, innen und außen von einander zu trennen. Wenn es in Strömen regnet, halte selbst ich (ein Altmeister des Nach-außen-Stülpens von dem, was in mir surrt) dies nicht für meine eigene Schwermut. Gleich jenseits der Meteorologie jedoch wird es schwieriger: was *ist* tatsächlich, und was sieht,

wegen den mehr oder weniger flexiblen Interpreta-
tionsprogrammen in uns, nur so aus als sei es? Wenn der
Chef grimmig schaut, oder wenn wir daran denken, wie
sich heute unsre Kinder heiter verlieben sollen ohne zu
sterben, oder beim Glauben an Himmel und Hölle, und
beim Gift in der Luft und dem Neid und dem Geld? Und
so vielem anderem, daß ich versucht bin zu sagen: bei
allem?

Natürlich, weil alles auf dieser Erde vermischt ist und
nichts in reiner Klarheit vorkommt, nicht einmal der Alkohol, ist auch unser Denken ein Kuddelmuddel aus ob-
jektivem Außen und subjektivem Innen. Logo. Auch
wir Menschen sind nicht anders als die Maulesel, die ja
auch überall Maulesel sind, und nicht unten Esel und
oben Maul. Es macht dennoch einen Unterschied, ob in
einem Glas Fendant ein Tropfen Glyzerin oder in einem
Glas Glyzerin ein Tropfen Fendant ist. Wer nennt uns
unsre je eigene Mischung?

Herkules, der Heftig-nach-außen-Gewandte, fuhr
mit dem eisernen Besen in die Welt hinein. Mistete
und mistete. Übersah kein Indiz einer fremden Schuld.
Er kam in seiner Rechnung nicht vor. (Hitler, der nur
einmal in den Spiegel hätte schauen müssen, hielt alle
schiechen Braunhaarigen mit kleinen Schnäuzen für die
Bösen. Aber auch meine liebe Tante S. ist sicher, daß
Erdstrahlen sie nicht schlafen lassen.)

Atlas dagegen, der die Erde seit den Urzeiten trägt,
nimmt unser aller Last auf sich. Alles! Kein Sperling fällt
vom Dache – meint er! –, und kein König erlebt den

nächsten Abend ohne seine Schuld und sein Verdienst. Denn er, der Alles-auf-sich-Bezieher, trennt sein Innen nie vom Außen. – Die Bücher sagen zwar, er büße eine Strafe der Götter. Aber mein Verdacht ist, daß es ihm ganz einfach leichter fällt, die Erde zu tragen als *sich*. Mein Verdacht ist, daß, käme einst Herkules bei ihm vorbei, er nicht zu sagen wagte: Du, Held, halt das da für ein Momentchen, ich muß mal. Herkules nämlich könnte ihm die Erde nicht zurückgeben! Atlas wäre frei wie sein Bruder Prometheus, vom selben Tüchtigen erlöst! Was würde er anfangen, mit sich und seinem Bruder und seiner Geschichte? In der sein Vater immer wieder gesagt hatte, du stammst von Göttern ab, du Flasche! Von *Göttern*, du Depp!

9. 3. 1987

Der wunderbare Gorbatschow

John F. Kennedy, dem man heute seine vielen Starlets vorwirft, erschien uns zu seinen Amtszeiten jung und mitreißend, und daß er Rückenschmerzen hatte, machte seine Siege noch strahlender. Seinem Land schien jäh alles zu gelingen. Und daß seine Frau statt Augen zwei $ $ hatte, nahmen wir hin, weil in jenen Jahren alle Amerikaner vom Senator an aufwärts mit Frauen verheiratet waren, die eher Hyänen als Gazellen glichen.

In der Sowjetunion dagegen wurden damals an jedem 1. Mai erneut jene greisen Golems ausgemottet, die bei minus 56 Grad hoch über dem Roten Platz ausharren mußten, bis die letzte Interkontinentalrakete vorbeigerollt war. So daß wir mehr und mehr dachten, die Sowjetunion bleibe wohl doch auf ewig, Revolution hin oder her, das in Eis erstarrte Land, das es schon zu Zeiten der Zaren gewesen war. Sibirien bis zur Krim hinunter.

Und jetzt plötzlich dies! Der leibhaftige Generalsekretär des Zentralkomitees der Kommunistischen Partei der Sowjetunion fegt durch die Altersheime, zu denen seine Funktionäre ihre Ämter haben werden lassen, als sei er der Erzengel Michael, und zwar selbdritt, mindestens. Er sagt Dinge, die ihn vor zwei Jahren noch, wäre er eben nicht er, ins Gefängnis gebracht hätten. Hat zudem eine Frau, die auch wir gern zu Vodka und Kaviar einladen würden.

Immer wenn auf Erden ein Kind aufhört zu weinen, fängt anderswo ein anderes damit an, auf daß die Menge der Tränen dieselbe bleibe. Das ist das Gesetz der ausgleichenden Ungerechtigkeit, und es bestätigt sich nun auch in der Politik. Denn je heller Michail Gorbatschow leuchtet, desto schneller kommt Ronald Reagan das Pfund abhanden, mit dem er bis vor kurzem noch wie selbstverständlich gewuchert hat. Inzwischen muß er, wenns hoch kommt, mit etwa fünfzig Gramm auskommen, und wir machen uns während seiner Pressekonferenzen Sorgen, ob er die vielen schwierigen Wörter auch richtig vom Teleprompter ablesen kann.

Michail Gorbatschow jedoch betrachten sogar jene unter uns mit zunehmender Wärme, die, nur um nicht zu vergessen, zu welchen Entsetzlichkeiten der Osten fähig ist, einmal im Jahr russische Eier essen. Sie finden ihn ebenfalls toll, warnen uns aber, ein toller Kommunist sei noch viel gefährlicher als ein blöder. Einer, der den langen Marsch durchs Zentralkomitee durchgehalten habe, hebe gewiß nicht jedes Räuplein vom Wege auf! Sei sicher kein Herold des freien Unternehmertums! Bleibe ein Kommunist!

Natürlich bleibt er das. Aber: er hat eine Vision. Und wir armen Menschen im reichen Westen sehnen uns seit so langer Zeit so heftig nach einem Politiker, *einem* wenigstens!, in dessen Denken es Zukunft und Hoffnung und Zusammenhänge gäbe, daß wir unser Herz sogar einem Russen zu schenken bereit sind. Denn Michail, dieser erzkommunistische Engel, läßt die demokratisch gewählten Verwalter unsrer kapitalistischen Paradiese zum Verzweifeln perspektivenlos aussehen.

Karl Marx irrte sich, als er die Zukunft des Sozialismus beschrieb. Die war dann weit erdenschwerer. Aber die Kapitalisten von damals malte er in recht stimmigen Farben! Und *so* sehr müßte er sein Bild heute auch nicht korrigieren! Wieso eigentlich (und seis nur, um den ungeliebten Marx endgültig ins Unrecht zu versetzen) will immer noch kein Reicher, wirklich und ernsthaft, seine Überschüsse unserm Allgemeinen zukommen lassen statt seinem Privaten? Auf daß die Erde mit Hilfe einer *kapitalistischen* Vision überlebe?

16. 3. 1987

Die Autonomie
der Meerschweinchen

Autonomie ist, wenn wir tun und lassen, was wir lassen und tun wollen – selbständig und freiwillig. Natürlich gelingt uns das kaum je *ganz*: entweder zeigt uns der Nachbar die Faust, oder wir kriegen Kopfweh. Autonom werden scheint im Gegenteil oft zu heißen, freiwillig und selbständig auf das verzichten zu können, was der Autonomie zum Verwechseln ähnlich sieht: auf jenes verführerische Gefühl, *alles* stehe einem zu.

Dennoch geht es schon auch darum, wie wir auf was verzichten, und was uns lebensnotwendig bleibt. Anatol, das entzückende Meerschwein meiner Tochter, ist nicht allein deshalb schon autonom, weil er weder aus seinem Gehege hinaus noch ein Löwe werden will. Er hat zwar Anfälle von Rebellion (schimpft dann gotteslästerlich vor sich hin), aber meine Tochter kann ihn stets davon überzeugen, genau so ein Meerschwein zu bleiben wie er eins ist. Relativ autonom.

Täten und ließen wir wirklich, was wir wollten, gerieten wir in die fürchterlichsten Widersprüche mit den andern und uns. Denn noch während wir, nach jenen gemütlichen neun Monaten im Fruchtwasser, einen ersten Blick aus unsrer Mama hinaus werfen (»Nein!« und »Was soll das?« rufend), begreifen wir, daß es kein Zurück gibt. Und andere Menschen, die stehen, gehen und sprechen können! So ist, von allem Anfang an, unser Problem keineswegs, wie wir unsere Autonomie bewahren können, sondern ob wir es überhaupt jemals schaffen werden, so herrliche Dinge wie die andern zu tun. Alle meine Entlein zu singen! Anpassung, nicht Eigenständigkeit.

Komisch jedoch: wenn wir dann auf unsern Lebensflößen den Bach hinunter und endlich irgendwo an Land gespült werden, machen wir dennoch allesamt ein Gesicht, als hätten wir genau dahin gewollt. Wie der Camel-Mann. Das hängt wohl damit zusammen, daß man uns (kaum sind wir ein bißchen größer geworden, und ohne mit der Forderung nach Anpassung aufzuhören) auch ununterbrochen zuruft, wir müßten unverwechselbar sein und unser Schicksal selber bestimmen. Kein Wunder, daß wir selten wissen, wo es lang geht. Oft, etwa beim Lieben oder beim Motorradfahren oder beim Denken, fühlen wir uns just dann am eigenständigsten, wenn wir auf den ausgetretensten Pfaden des Allgemeinen wandeln. Aus diesem Widerspruch, den uns die hochfahrenden Menschen der Renaissance eingebrockt haben, schlagen seither die Mächtigen ihr Kapital – wenn nicht alle, so doch viele: denn wer tun möchte was alle tun *und* sich dazu herrlich autonom fühlt, ist gewiß der ideale Arbeitnehmer.

Natürlich werden jene, die denken (oder deren Beruf gar das Denken ist), von diesem Widerspruch schier zerrissen. Die Lehrer in den Schulen! Die Professoren in den Universitäten! Die Schriftsteller! Und, ach, auch die Journalisten! Sie sollen oft genug (oder wollen sie gar?) so schreiben, daß auch der unautonomste Leser bei der Stange bleibt. Der *vermeintlich* unautonomste. Nichts wird ihm zugemutet, so lange, bis er unautonom *ist*.

Anatol, um auf das Meerschwein zurückzukommen, kennt die Geschichte seiner Gattung nicht. Das Gedächtnis (unsre Erinnerungen an die Autonomie anderer) unterscheidet uns, nicht daß er auf vier Pfoten geht und wir auf zwei. Zuweilen, zugegeben, macht er ein paar Hopser, die von jähen Bildern seines Unbewußten ausgelöst zu sein scheinen. Als sei, sekundenschnell, das Grün der Anden durch ihn hindurchgeblitzt, und dort, im Gipfelwind, er, unser Anatol, inmitten seiner Freunde mutig vor einem Fuchs davonwetzend.

23. 3. 1987

Die Luft von Bern, ein Drama

Die Bühne zeigt das Wohnzimmer von Urs Widmer, der, mit einer Bierflasche in der Hand, vor dem Fernseher sitzt und die Tagesschau ansieht. Gerade spricht, vor jenem schönen Wandgemälde im Ratssaal von Bern, Christoph Blocher (SVP, Zürich)

BLOCHER *im Fernseher* Jetzt tun wir doch nicht so als sei der Weltuntergang da! Jetzt gefährden wir doch nicht wegen dem bißchen Dreck in der Luft unsern Wohlstand! Ich habe selber vier Kinder, die schnaufen das Zeug auch, und es geht ihnen prima!

Widmer fällt in Ohnmacht. Bier läuft über den Teppich. Aus dem Fernseher schaut jetzt Franziska Schnyder den ohnmächtigen Urs innig an. Der beginnt heftig zu träumen. Und: Die Szene verwandelt sich! Widmer sitzt auf einem Baumstrunk und trinkt ein Glas Milch. Ringsum Berge wie früher. Herrliche Sonne, ein lauer Wind. Nationalrat Blocher kommt daher, in Wanderschuhen und Rubelisamthosen, Hand in Hand mit Franziska Schnyder. Auch diese ist wandermäßig ausgestattet. Alle sehen fünf Jahre älter aus.

BLOCHER Hallo, Widmer, paradiesisch hier, gell? Was für eine Luft!

WIDMER Über Luft kann ich stundenlang reden. Ich kann stundenlang atmen!

BLOCHER Genau, genau. Das ist mir bei der Lektüre Ihres Werks auch aufgefallen. Alle atmen um ihr Leben. Sehr interessant.

WIDMER Eine Frage, Herr Blocher. Warum geht Frau Schnyder mit Ihnen spazieren und nicht mit mir?

FRANZISKA SCHNYDER Ich...

BLOCHER Das Leben ist ungerecht. Gottseidank. *Lacht unbändig. Auch Widmer, der sich einem Gelächter nur schwer entziehen kann, lächelt. Franziska Schnyder schaut ernst. Nachdem Blocher sich erholt hat* Apropos, dort unten kommt der ganze Nationalrat. *Tatsächlich sieht man die Damen und Herren einen Kuhweg hinaufkeuchen* Wir genießen heute gemeinsam, was unsre Maßnahmen zur Reinerhaltung der Luft erreicht haben. Schauen Sie doch! Man sieht das Matterhorn mit unbewaffnetem Auge! Man kann atmen ohne jeden Hustenanfall!

WIDMER Wahnsinn! Großartig!

FRANZISKA SCHNYDER Er...

BLOCHER Ich habs ja gesagt damals. Nichts tun, nichts, und Gott renkt alles wieder ein.

WIDMER *jäh euphorisch* Herr Blocher, ich habe mich in Ihnen und in vielen von denen, die da unten gehen, getäuscht! Toll! Sie haben recht gehabt! Sogar Frau Schnyder geht mit *Ihnen* spazieren!

FRANZISKA SCHNYDER Ich...

Aber inzwischen ist der ganze Nationalratspulk angekommen. Alle singen, fast gar nicht atemlos S Ramseiers wei ga schnu-uu-ufe! *etc.*

BLOCHER *das Getöse überbrüllend* In diesem Rat sitzen gescheitere Leute als Sie! Die setzen ihre private Wirtschaft nicht wegen einer öffentlichen Luft aufs Spiel! Oder haben Sie schon gehört, daß man Luft in Tüten verkaufen kann?

WIDMER Nein.

BLOCHER *nachdenklich* Wir hätten frische Luft aus Südafrika importieren können. 80 Rappen pro Liter, das wäre durchaus drin gewesen. Dann hätte eben jeder das geatmet was er sich leisten kann.

Franziska Schnyder rennt schluchzend davon. Widmer, der sie trösten möchte, erwacht stattdessen. Die Szene verwandelt sich ins Wohnzimmer zurück.

MAX WOLF *im Fernseher* Die bisherige Bestmarke im Unspunnensteinstoßen ...

WIDMER *zur Katze, die das Bier aufleckt* Ein Albtraum, Büsi! Irgendwer wollte mir den Schnauf abdrehen, oder ich ihm. Keine Ahnung mehr. Doch! Da war eine Frau! Atemberaubend!

BÜSI Miau.

Vorhang

30. 3. 1987

Die Bochumisierung unsrer Städte

Wer in Bochum war, weiß, was ich meine: Fußgängerzonen, Kaufhöfe, c&As, Parkhäuser aus Sichtbeton und Gaststätten, an deren Wänden Wagenräder hängen. Die Menschen (Schatten mit Plastiktüten) wie von einem geldgierigen Gott in die Straßen hineinprojiziert, der sie mit einem Knopfdruck auch wieder verschwinden lassen kann. Klick. Es wäre ja auch egal. Wer hängt an Fußgängerzonen und den Menschen in ihnen.

Wenn wir Bergkinder solches Elend sehen (keine *favelas* wie in Rio, sondern die Verheerungen des zuvielen Kapitals), denken wir, nun ja, andere Länder andere Städte. Die armen Deutschen haben einen Krieg hinter sich, und überhaupt. Das gibt es bei uns nicht, solche Bochums, bei denen man nie ganz sicher ist, ob man nicht doch in Bielefeld oder Düren weilt. *Wir*, nicht wahr, werden nie durch Chur bummeln und uns in Frauenfeld wähnen.

Obwohl wir sehend sind, sehen wir nicht. Wir sind echt und wirklich naiv wie die Murmeltiere und ahnen nichts von jener vernichtenden Leere, die die überwältigt, die lebenslang nichts anderes als eins der vielen Bochums kennen lernen, es sei denn in dem, was sie, traurig genug, »Urlaub« nennen: und auch dann suchen sie gern etwas auf, was dem vertrauten Wohnmodell gleicht. Die Häuserhaufen von Gran Canaria. Wenn *uns* dereinst dämmern wird, daß nun auch *wir* in Bochum leben, wird es zu spät sein. Wo Bochum einmal hingekommen ist, bleibt es. In Chur *und* in Frauenfeld.

Natürlich bin ich absichtsvoll ungerecht. Ich sage Bochum und meine uns. In Zürich etwa soll der Kreuzplatz neu überbaut werden. Dessen Schönheit besteht darin, daß rings um ihn ganz gewöhnliche Häuser ganz gewöhnlich alt geworden sind. Ihre Winkel und Ecken erzählen nicht von Rendite, auch nicht unbedingt von Schönheit, dafür von der Geschichte ihrer Bewohner. In der Beiz, die ebenfalls durch etwas mit Kupferkessellampen ersetzt werden soll, fühlen sich vermutlich diese Bewohner wohler als die Planer der Neuüberbauung, die dafür, kann sein, etwas öfter bei Agnes Amberg speisen.

Nicht daß ich meine, es solle nie mehr irgendwo irgendwas gebaut werden. Solange allerdings ganze Wohnviertel wie durch Flächenbombardemente weggefegt werden können, müssen wir uns über die Gedanken machen, die diese Verwüstungen anrichten wollen und dürfen. Sie tun es seit dem Bau des Turms zu Babel: und irgendwer wird sich hinter dem Rücken Gottes schon damals gesundgestoßen haben.

Vielleicht, wenn wir in die geheimsten Winkel unsrer Herzen schauen, täten wir das ja auch ganz gern, uns gesundstoßen. Wir sind auch nur sterbliche Menschen. Aber da es uns auf die Seite derer ohne Stütze geschlagen hat, *müssen* wir aussprechen lernen, daß das, was da täglich und überall geschieht, die Ausübung von Gewalt ist. Wie Krieg, oder als haute uns ständig jemand eine Schaufel über den Kopf. Ich jedenfalls weiß nicht, was bedrohlicher und widerwärtiger ist, der alltägliche Städtebau, der Haus sagt und Geld meint, oder das jähe Stellmesser eines Kneipengasts.

Natürlich hülfe es, wenn alle Investoren in den von ihnen verschuldeten Häusern wohnen müßten, und deren Architekten auch. Wenn die Politiker alle Suppen, die sie uns einbrocken, mitessen müßten. Jedoch, das Leben ist nicht so. Die charmanten Gewalttäter aus der Steuerklasse 1 denken denn auch gelassen, daß Gott am jüngsten Tag gewiß so blind sein werde wie die meisten seiner Ebenbilder auf Erden und ihnen ganz selbstverständlich eine Trompete in die Hand drücke, aus reinem Gold.

6. 4. 1987

Frühling im Jahr 4022

Diese Sonne in diesem Himmel!, in diesem blauen Ge-
wölbe, dessen Wolken die Schafe spiegeln, die im grünen
Grün weiden, von Hunden beschützt, deren Ahnen
schon nur im Kreis gehen konnten, in diesem Frühling
des Jahrs 4022, den niemand so nennt, kein Distelfink in
seinem Nest, keine Katze, und auch nicht der tolle Stier,
der die Kuh durch die Primeln hetzt.

Hie und da der Ruf eines Eichelhähers und, ja, der panische Todesschrei eines Wiesels, das einen Adler über-
sehen hat. Gewaltige Eichen sind aus Straßen und Plät-
zen gebrochen (ihre Arme haben die Dächer ganzer
Parkhäuser abgeworfen), und die Bahnhöfe stehen voller Farne und Orchideen. Kaninchen balancieren auf alten Geleisen. Aus den Plastikteilen von Automobilen
wachsen Rosen. In Getreidefeldern vollführen die kräf-
tigsten Hasen Höchstleistungssprünge, um sekundenschnell die Augen über das blindmachende Ährengewirr
zu kriegen: zurück am Boden schwärmen sie den Ha-
senkindern von weißen Bergen und glitzernden Gewäs-
sern vor. Aber deren Welt besteht noch eine Weile aus
Halmen, Kornblumen, Mohn und Heuhüpfern, bis sie,
groß geworden, den Rand ihrer Kinderheimat erreichen
und mit weit aufgerissenen Augen an einem See stehen.

Sowas! Waschbären schleppen vom fernen Opernhaus her (Bäume auf dem Dach) Rüben zum Ufer, um sie nach alter Väter Sitte zu reinigen. Der See voller Forellen, die hinter Elritzen dreinflitzen, die ihrerseits von Hechten verfolgt werden, denen Bären nachstellen, die unbewegt auf einem Uferfels sitzen. Aber *wenn* ihre Fanghand ins Wasser taucht, schneller denn ein Blitz, fliegt der Hecht aufjaulend durch die Lüfte! Die Schwalben und Störche fliegen nach wie vor auf den alten Routen, aber Hase, Bär und Hecht wissen nichts von fernen Ländern.

Die Berge erst! Ein Schweigen, in dem wir, wenn wir nur daran *denken*, unsre Gelenke knacken hören. Unsre Herzen schlagen. Aber da schlagen jetzt andere Herzen, die der Murmeltiere, die (da! seht doch!) aus ihrem Winterschlaf erwachen, in ihrem im Gletscher eingebackenen Heim, von dem sie nicht wissen, daß es die Gondel einer Seilbahn ist. Die Kleinen zupfen, wie seit Jahrmilliarden alle Säugetiere, ihre Väter an den Schnurrbärten. »Auf! Die Sonne lacht!« Und tatsächlich: dieses Licht! Diese Luft! Der gleißende Schnee, aus dem Soldanellen brechen! Gletscherbäche schäumen talwärts und glukkern als wollten sie den Murmeltieren vom Winter berichten, der sie mitten in ihrem Lauf anhielt, so daß sie über einem Abgrund, unter einem Stein erstarrten, sprachlos. Aber nun haben sie kaum Zeit, Tschüß zu rufen. Eilen dem Meer zu, das sie schon kennen, die vielen vielen Wassertröpfchen, die den Bach bilden, plappernd nebeneinander herpurzelnd. Schon oft haben sie diese Rundreise gemacht. Schon viele viele Male sind sie in den

Himmel gedampft, von kalten oder heißen Winden über Berge und Wüsten getrieben worden und dann, schwer geworden, auf die Erde hinabgestürzt. Es konnte sein, daß sie wieder auf ihrem Gletscher landeten, oder aber sie sickerten in unbekanntes Gestein, suchten lange einen Weg durch die Ritzen und Spalten (aber nie waren sie allein! das gibt es nicht, einsame Wassertropfen!) und sprudelten endlich aus einer Quelle wieder ans Licht. Guten Tag, Erde! Da gluckern sie erneut, die Wässer, rasch und dennoch ohne Eile, auf ihrem ewigen Weg den Meeren zu, der sie diesmal vielleicht durch eine Kuh hindurch führen wird. Sie, die Wässer, könnten etwas von früher wissen, als einzige. (Was ahnen Bär und Hase von einst! Nichts!) Aber an die alten schwarzen Zeiten wollen sie nicht denken. Wozu auch. Es ist so schön jetzt. Diese Sonne an diesem Himmel, und die Wölkchen, und die wirklichen Schafe darunter. Da hüpfen und sprudeln die Wässer. Weit und breit kein Mensch.

13. 4. 1987

Mein Freund Gusti

Gestern, als ich mit einer wunderschönen Ethnologin aus Zaire Kaffee trank (sie erforscht uns Schweizer, weshalb wir so glücklich sind), setzte sich mein Freund Gusti an unsern Tisch. Wir hatten früher einmal alles miteinander geteilt, unsre Einnahmen, den Alkohol, und einmal sogar eine Frau. Ich hatte sie an einem Frühlingsabend kennengelernt, und er erkannte sie dann den ganzen Sommer über. Er war so schwarz als habe er den ganzen Winter an ein Bräunungsgerät geschnallt verbracht und hatte eine große Kiste bei sich.

»Ich habe im Lotto eine Million gewonnen«, rief er strahlend.

»Und?« schrie ich. »Wo ist das Geld??«

»Verschenkt«, sagte er noch strahlender. »Ich wollte *einmal* jemanden glücklich machen.«

»*Mein* Glück ist dir wohl egal«, rief ich. Er nickte und fuhr fort: »Vor vierzehn Tagen hatte mir in meiner Heimat irgendwas furchtbar gestunken, und ich fuhr in die Sahara, weil ich mich nach einer Gegend ganz ohne solche wie ich einer bin sehnte. Nach Fremden. Prompt verirrte ich mich und wurde, vor Durst delirierend, von verschleierten Oasenarabern aufgesammelt, die noch nie so jemanden gesehen hatten. Fiebernd lag ich im

Gästezelt der Königin. In der dritten Nacht hörte ich ein schreckliches Keuchen« – er sprach jetzt mit der Ethnologin – »und rieb ein Streichholz an und sah die Königin, gänzlich unverschleiert, auf mir reiten als müsse sie in dieser Nacht noch nach Tripolis. Während ich das zweite Streichholz anrieb, kam sie in Tripolis an, und ich auch, und ich sah nun auch den König unter der Zelttür.«

»Wow«, sagte die Ethnologin.

»Der König hatte die Königin zu mir geschickt«, sagte Gusti und rückte näher zu ihr hin. »Er hielt mich – und mit mir alle von meinem Volk – für Abgesandte der Götter, denn die sind bei seinem Volk Enten, und ich trug an dem Tag just ein T-Shirt, auf dem Tick Trick und Track hinter Onkel Donald dreinwetzten. Na. Ich ritt dann auch mit dem König nach Tripolis, echt, und dort, in einem Zoogeschäft, merkte ich, daß er nicht wußte, was *Geld* ist. Daß man Götter *kaufen* kann. Ich ging zur Libyschen Nationalbank und löste einen Euroscheck über eine Million SFr. ein. Dann ritten wir zurück, mit einem Haraß voller Enten.«

»Das soll die dir glauben?« sagte ich und wies mit dem Kinn auf die Ethnologin, deren Augen vor Vergnügen leuchteten.

»Die Königin hatte einen Knaben geboren« – Gusti schreckte nun vor nichts mehr zurück: nach zwei Wochen! – »der einen Entenschnabel hatte; und ich schichtete die ganze Million auf dem Dorfplatz auf, um sie dem König und seinem Volk in einer würdigen Zeremonie zu übergeben. Öffnete gerade den Mund – wollte sagen, so seien wir eben, wir Schweizer –«, als mich eine harte Luft wie eine Faust packte, ein Sandsturm. Als er vorbei war, ragten gerade noch unsre Köpfe aus der Wüste, und alles war weg, die Häuser, die Kamele, die Enten, sogar die Palmen, und das Geld.«

»Allah ist groß«, murmelte die Ethnologin.

»Meine neuen Freunde boten mir Asyl an«, rief Gusti so strahlend wie ich ihn noch nie gesehen hatte. »Ich akzeptierte es noch während wir alle im Sand steckten. Es ist herrlich. Ich bin der einzige Ausländer. Ich bin nur hergekommen, um neue Enten zu kaufen.« Er wies auf die Kiste, aus der es jetzt schnatterte.

»Du machst dich unglücklich«, sagte ich.

Er nickte und stand auf, und eigentlich war ich nicht erstaunt, daß die schöne Ethnologin aus Zaire mit ihm ging. Ich hörte das glückliche Gelächter der beiden noch aus weiter Ferne. Da saß ich, ein Einheimischer, allein, um eine arme Geschichte reicher, von der ich kein Wort glaubte.

21. 4. 1987

Ein Jahr nach Tschernobyl

Das war ja zu erwarten, daß wir dieses Jubiläum erleben würden: ein Jahr *mußten* uns die Schnellen Brüter von nah und fern lassen (die langsamen sowieso), denn ein GAU findet bekanntlich nur alle zehntausend Jahre statt, und wieso sollte die Wirklichkeit der Statistik gleich zweimal das Bein stellen. Auch wenn Mühleberg inzwischen eine Weile vor sich hingestrahlt hat und Creys-Malville leckt und leckt. Und es war sogar zu erwarten, daß wir nach nur einem Jahr noch nicht *ganz* zur alten Tagesordnung übergegangen sein würden. Schließlich waren auch heuer die Schokoladehasen radioaktiv, und als ich den Garten umspatete, kam mir prompt das Cäsium wieder in den Sinn, das ich da eben ein weiteres Mal neu verteilte. Nun fehlten ihm noch 47 999 Jahre bis zu seinem endgültigen Verschwinden.

An jenem Apriltag des letzten Jahrs ist die Apokalypse geprobt worden (sogar einen Weltkrieg konnte man unbeschadet überleben, wenn man Glück hatte), und niemand kann seither mehr sagen, er habe ihre Reiter nicht gesehen. Viele Menschen sind gestorben, qualvoll wirklich und nicht als gesichtslose Opfer schmerzloser Berechnungsmodelle, und noch viele mehr werden sterben. *Alle*, die damals in der Nähe waren. Glaubt denn auch nur einer im Ernst, daß jenes Hochzeitspaar, das, den glühenden Reaktor vor Augen, sein zukünftiges Glück feierte, einen Lebensabend im Kreis gesunder Kinder erleben wird? Jenes Fest *war* der Lebensabend.

Es hat sich vieles verändert. Unsre Ängste wurden an die Oberfläche geschwemmt – Gott sei Dank, auch wenn Ängste nur schwer auszuhalten und oft schlechte Ratgeber sind. Nicht mehr nur ein paar Körnchenpicker wollen seither die Atomkraftwerke abstellen. Wer sein Haus mit Biogas heizen will, gilt nicht mehr als Spinner. Noch fahren wir keine Solarmobile, aber wir denken schon daran. Können uns Kolumnen auf Umweltschutzpapier immerhin vorstellen.

Andrerseits ist schmerzlich vieles genau so geblieben wie es vorher schon war. Die Atomkraftwerke verschlingen weiterhin unsern begrenzten Vorrat an Zukunft. Und wir lernen, daß auch das, was uns kaum noch Zeit läßt, seine Zeit braucht. Sag einem Atom-Wissenschaftler, es sei aus mit dem Atom! Von *Atomen* versteht er etwas, da will er nicht plötzlich Kuhfürze in Plastikschläuche abfüllen!

Der Zug fährt also immer noch in die alte Richtung, und noch immer ist nicht klar, ob er überhaupt eine Bremse hat. Gar einen Rückwärtsgang. Aber viel mehr Menschen als früher rennen in seinem Innern nach hinten, gegen die Fahrtrichtung: obwohl nach wie vor alle Erstklaßabteile vorn sind. Im letzten Waggon herrscht inzwischen ein ziemliches Gedränge.

Als ich meinen Garten umgrub, träumte mir (ein Tagtraum), Hitler habe damals die Schweiz doch erobert (wir waren alle tapfere Partisanen), und dann hätten uns die Amerikaner befreit, und bei denen hätte sich nicht George Catlett Marshall durchgesetzt, sondern Henry Morgenthau, der jeden Meter Feindesland in eine grüne Wiese ohne jede Industrie verwandeln wollte (aus Rache, natürlich, nicht aus Liebe), und so säßen wir heute, träumte ich, alle zusammen im Klee, arm zwar und nach Kuhmist riechend: aber strotzend vor Gesundheit. – Das erzählte ich meiner Frau. »Und?« sagte sie. »Wieso hätte uns das vor Tschernobyl geschützt?« Da erst wurde mir klar, *wie* heftig meine Hoffnung, es wäre nirgendwo irgendwann ein Tschernobyl gebaut worden, war und ist: daß ich, um den Traum des Glücks behalten zu dürfen, aufhörte zu denken.

27. 4. 1987

Die Krise der CH 91

Die Schweiz 1987: Polizisten werfen Tränengasbomben nach Kindern; an Ostern fahren so viele von uns mit dem Auto dem Frühling entgegen, daß sie noch um drei Uhr nachts in Erstfeld stehen; die Luft ist schon so lange jenes unselige Gemisch, daß uns nach einem Lungenzug echter Luft glattwegs die Luft wegbliebe; die Tannen stehen wie Besen; wenn wir einen Hasenstall bauen wollen, haben wir die Baupolizei am Hals, und unsern Nächsten lieben wir so lange wie uns selbst bis uns der Übernächste mehr bietet; am 1. Mai gehen jene, die einen Porsche ihr eigen nennen, auf die deutsche Autobahn und blochen mit 233 km/h bis nach Kiel; abends zurück, dito; unsre Schulkinder retten, von netten Lehrerinnen beraten, die Kaulquäpplein einzeln aus vertrocknenden Tümpeln, und die Bauern sprühen das ganze Mittelland mit E605 ein; und sehr vielen von uns scheinen die Texte der Menetekel, die auf unsern Wänden stehen, inzwischen so weh zu tun, daß sie nichts mehr von ihnen hören wollen und die, die sie ihnen vorlesen, am liebsten erschlagen würden: wie dies einst die zurückgebliebenen Eidgenossen mit jenem armen Söldner taten, der ihnen, als allererster Bote, keuchend vom Unglück von Marignano berichtete, an dem er doch keine Schuld hatte.

Das ist das Land, das in vier Jahren seine Anfänge feiern möchte und immer weniger zu wissen scheint, wie es das tun soll. Die klugen Innerschweizer haben jene Teile der CH 91[1], die ihnen wohl tatsächlich vor allem vertrampelte Wiesen, leere Colabüchsen in den Vorgärten und einen Gestank wie in Zürich beschert hätten, in ihrem See versenkt als habe es Morgarten zu feiern gegolten. War ihnen zuwider, daß der Geburtstag der Nation zum Eigenlob der Industrie zu verkommen drohte, oder sagen sie einfach immer nein? Oder verglichen sie gar die geplante neueidgenössische Mustermesse mit jener mythischen Landi von 1939, die alle (Ausnahmen bestätigten die Regel) so ergriff, weil sie den diffusen Abscheu gegen die Nazis zu einer konkret formulierten Besinnung auf unsre demokratische Eigenständigkeit bündelte?

Heute ist der Feind, dem wir Widerstand leisten möchten, nicht mehr so klar auszugrenzen. Er scheint eher in uns und um uns und um uns herum zu sein. Wie also soll es eine Feier geben können, wenn das Land, das sich feiern möchte, so etwa auf den Geburtstagstermin hin aus den Fugen zu gehen droht? Wir sehnen uns heute ganz gewiß nicht nach Festzügen und Leistungsschauen und eigentlich noch nicht einmal nach jenem langen Marsch um den See herum, sondern nach einer Schweiz, in der zu leben wieder eine Freude wäre. Nach einem Land, nicht nach einer Show. Nach einer neuen Heimat,

[1] Umstrittene großangelegte 700-Jahr-Feier der Eidgenossenschaft 1991

die wieder ein bißchen mehr der versunkenen alten gliche. In der es keine Gründe für jene Ängste mehr gäbe, die immer mehr die Auswirkungen einer kollektiven Paranoia haben und für die es dennoch wirkliche Anlässe gibt. Ob nun der eine nicht genug Ruhe und Ordnung kriegen kann oder der andre in einem Einbahnstraßenschild schon eine unerträgliche Einschränkung seiner Freiheit sieht – wir alle reagieren offenkundig auf die allgegenwärtigen Bedrohungen auf *unsre* Weise. Sehr glücklich sehen wir dabei selten aus.

Eine feiernswerte Gegenwart: sie zu erreichen, bis 1991!, könnte ein Ziel werden, das der Größe des Jubiläums würdig wäre. Wie begeistert würden wir dann auf sie anstoßen, auf unsre Ahnen, die so klug gewesen waren, uns zu gründen!

4. 5. 1987

Die Welt der Scanner

Der Begriff stammt aus der Medienbranche: ein Scanner ist ein Mensch, der keinen Satz zu Ende liest, in dem es, wie in diesem hier, auch nur die geringste Verzögerung gibt – und so habe ich, spätestens *jetzt*, auch den letzten Scanner unter meinen Lesern ans Leben oder an die Konkurrenz verloren. Dort geht er durch die Auen, einen Walkman im Ohr. Ihm ist sauwohl. Er ahnt nicht einmal in seinen kühnsten Träumen, unser lieber Scanner, daß sich eine ganze Branche heftig um ihn sorgt, denn er dringt nie zur Definition seiner selbst vor und hält sich und seine Welt für die reine Natur. Hüpft, schnell und schwer berechenbar, von Wortreiz zu Reizwort. Wenn wir, in unserm gemeinsamen Lebensmärchen, die Igel sind, dann ist er der Hase. Aber es könnte sein, daß diesmal *wir* das Rennen verlieren.

Denn er, der auch eine Sie sein kann, hat zwar mit nichts Geduld, handelt dafür aber umso mehr. Zündet sich eine neue Zigarette an, wenn die alte noch unter seiner Nase raucht, und springt mal schnell ab um zu telefonieren, während er seiner Frau beiwohnt. Er ruft im Restaurant nach der Rechnung bevor ihm das Essen gebracht worden ist. Es gibt reiche und arme Scanner. Die armen sind wie die reichen, haben jedoch kein Geld, das man ihnen aus der Tasche ziehen kann, und werden deshalb Analphabeten genannt.

Die Medienwelt, selber mehr und mehr von geduldlosen Schnellen bevölkert, nimmt den Scanner ernst als habe sie, wenn sie nur einmal *ihn* gewonnen hat, *alle* an der Angel. Natürlich sind uns die Amerikaner auch da wieder ein paar Schritte voraus: machen zum Beispiel Zeitungen, in denen auch das Gesetz des Lebens in maximal drei Sätzen mit höchstens sechs Wörtern zusammengefaßt wird. Etwas *noch* Schwierigeres kommt nicht vor.

Aber auch wir machen uns längst unsre Gedanken. Denn der Scanner (anders als der arme Analphabet) ist ein fabelhafter Kunde. Schafft in der Zeit, da einer wie ich noch über dem Inhaltsverzeichnis brütet, die ganze *Schweizer Illustrierte*, und die *Neue Zürcher Zeitung* und das *Pro* gleich noch dazu. Schaut dabei die Anzeigen mit dem gleichen sprunghaften Interesse wie die Texte an, weil er zwischen Werbung und Information nicht unterscheidet.

Kein Wunder, daß sich immer mehr unter uns über seine Gedanken Gedanken machen. Zum Beispiel, wenn er fernsieht, wechselt er alle siebzehn Sekunden den Kanal. Es ist also nur logisch, daß sich die Fernsehleute bemühen, Informationseinheiten zu produzieren, die genau so lang wie seine Zuschaugeduld sind. Siebzehn Sekunden. Denn wenn der Scanner seine andern 56 Kanäle abgerufen hat und wieder beim ursprünglichen gelandet ist, sieht er dann just den Beginn eines neuen

Ganzen. Hat so stets das Gefühl, voll echt und umfassend informiert zu sein.

Sagen wir also doch noch, weil diese Sätze nun gewiß nur noch die Anhänger der Gemächlichkeit lesen, daß es auch uns Langsame gibt. Die wir, wenn wir einen Baum hochklettern, den Wipfel dennoch oft in immer weiterer Ferne sehen, weil er uns davonwächst. Um uns Langsame kümmert sich niemand, denn uns genügt eine Illustrierte im Jahr und ein Buch im Leben. Dennoch. Wir sind doch auch liebenswert! Auch wenn wir eine ganze Nacht brauchen, um ein Kind zu zeugen, und ein Jahr, bis wir uns entschließen, neue Schuhe zu kaufen! Zuweilen bin ich tatsächlich ein bißchen eifersüchtig auf die Scanner, die keiner von uns so richtig mag und denen wir dennoch ständig das Gefühl geben, die Erde drehe sich um sie, und nur um sie.

11. 5. 1987

Das verlorene Buch

Immer schon habe ich jene lockeren Dichter bewundert, die mit den Manuskripten ihrer Meisterwerke, von denen sie keine Kopien besaßen, unbekümmert U-Bahn fuhren oder Sauftouren durch Vorstadtkneipen veranstalteten. Natürlich waren die Manuskripte dann weg. Keins dieser Bücher wurde jemals wieder aufgefunden, und wir alle sind uns heute einig, daß sie das Wunderbarste waren, was jene Meister je geschrieben hatten. Engelszungenbücher.

Über Jahre hin hatte ich mir vorgenommen, einst dereinst so stark zu sein, so voller Fülle, daß ich ein dickes Buch schriebe, in das ich mein Ganzes legte, 500 Seiten, und das ich dann verlöre, auf daß das Schaffen maßvoll bleibe. – Ich füllte dann tatsächlich 450 Seiten und versuchte auch sofort, sie zu verlieren. Entgegen meinen Gewohnheiten machte ich lange Straßenbahnfahrten und taumelte nach Mitternacht der Langstraße entlang. Aber immer kamen mir ein netter Mann oder eine freundliche Dame nachgerannt, He! und Hallo Sie! rufend, und gaben mir mein Manuskript. Ich warf es in ein vorbeirollendes Polizeiauto. Legte es einer Lehrerin für Schwererziehbare aufs Pult, die Papier fürs Schiffchenfalten brauchte. Tat es in den Bio-Kompost des Nachbarn. Nichts zu machen, stets kam es zurück. – Der letzte Versuch scheiterte dann so: Ich war zu den Solothurner Literaturtagen gefahren, zu dem zauberhaften Fest, das immer am Samstagabend im Weißen Kreuz stattfindet, und wollte die von mir beschriebenen Seiten in der allgemeinen Papierflut untergehen lassen. Aber sie fielen in die Hände eines Germanisten, der eigentlich seine Reisetasche mit dem Pyjama suchte, und der hatte natürlich gleich heraus, von wem sie waren. Rief mich ein paar Tage später an. Ich stotterte in den Hörer hinein, danke, und ob ich ihm das Buch, wenn es dann erscheine, widmen dürfe? Er schwieg zuerst lange und murmelte dann, er müsse mir um der Wahrheit willen sagen, daß ihm nach einer Strukturanalyse meiner Prosa zwar sofort klar gewesen sei, daß sie von einem Schweizer der jungen Generation stammen müsse: daß er vor mir trotzdem Max Frisch, Franz Böni, Rainer Brambach, der jedoch schon tot gewesen sei, und Peter Bichsel angerufen habe. – Dieser gestand mir später, er habe damals den Bruchteil einer Sekunde lang gezögert, ob er sich das unbekannte Manuskript nicht unter den Nagel reißen solle, denn 400 Seiten, nicht wahr, seien schon eine Versuchung.

So gab ich das Buch resigniert dem Verleger. »Paß auf!« rief ich ihm nach, als er spät nachts davonradelte, mit meinem Werk auf dem Gepäckträger. »Sowas schreibe ich nicht jeden Tag!« Er winkte fern im Mondlicht und bog um eine Ecke. Eine Weile später klingelte das Telefon. »Das Manuskript!« schrie der Verleger. »Es ist weg!« – »Wie stellst du dir das vor?!« brüllte ich fassungslos in den Hörer. »Ich habe keine Kopie!« Der Verleger sagte, er stelle sich das so vor, daß das Buch nun halt im Eimer sei, und daß er für den Schaden aufkomme. Ob 750 Franken recht seien?

Da hörte ich ein Maunzen vor der Tür. Canelloni und Risotto, die Katzen, schleiften einen Papierpacken die Treppe hoch. Es fehlte nichts, nicht einmal die Danksagung an die Pro Helvetia. Jetzt muß mein Buch also doch noch in die weite böse Welt hinaus, und jeder wird mit eigenen Augen sehen können, ob es mit Engelszungen spricht! Und nie mehr wird es jemand verlieren können.

18. 5. 1987

Faschismus, Kommunismus, wir

Wir, die wir in der Regel weder Faschisten noch Kommunisten sind, haben dennoch stets empfindlicher auf Kommunistisches als auf Faschistisches reagiert. Zwar sagt uns unser nationaler Mythos, im Zweiten Weltkrieg seien unsre Eltern wie *ein* Elter gegen die braune Flut aufgestanden, aber erstens stimmt der Mythos nur halbwegs (sonst wäre er keiner), und zweitens sind wir spätestens seit 1945 fast ausschließlich mit der Abwehr von Kommunistischem beschäftigt. Es ist, als seien damals, weltweit eigentlich, alle Faschisten vom Erdboden verschwunden. Natürlich lieben wir Pinochet nicht, oder den entsetzlichen Ajatollah: aber wir ignorieren sie ohne große Mühe. Die Länder des Ostens jedoch, die uns nie etwas zuleide getan haben, fürchten wir heut noch wie am ersten Tag. *How come?*

Es kommt, weil die Braunen und Schwarzen unsern Besitz nicht antasten (außer wir sind Juden oder Neger), während die Roten (so wenigstens haben wir ihre Botschaft verstanden) sofort unser Schrebergärtlein sozialisieren. Weg der Opel, fort das fast bezahlte Haus. Wir wollen nicht, daß irgendein Besitz in Frage gestellt wird, auch wenn wir selber keinen besondern haben: weil wir immerhin einen haben *könnten*. Denn niemand ist ge-

recht, auch der Edelste nicht, und wir haben nicht die geringste Absicht, es jemals zu werden.

Faschisten sind wir dennoch keine, Kommunisten natürlich schon gar nicht. Wir sind Demokraten. Unser
politisches Leben ist ja auch, mit Einschränkungen, demokratisch organisiert, zu unserm Wohl. Unser übriger
Alltag allerdings hat mit Demokratie schon weit
weniger zu tun. In unsrer Arbeitswelt kommen die Ent-
scheidungen in der Regel fix und fertig von oben: es haben dabei die am meisten zu sagen, die am meisten haben. Logo. An den Universitäten haben die Ordinarien
rechter als die Extraordinarien, und das Militär ist eine
Ausbildungsstätte für Kaderleute geworden.

Längst sind uns diese Lebensmodelle in Fleisch und
Blut übergegangen. Man darf sie ruhig »rechte« nennen,
auch wenn sie bei fast allen von uns seltsam inhaltslos geblieben sind. Nur wenige sehnen sich konkret nach
einem rechten Staat: der Tamilen in KZS prügelte oder
Ansammlungen von mehr als drei Personen mit Tränen-
gas auflöste. Wir andern denken eigentlich eher *nichts*.

Die Rechten halten nicht viel von den Entscheidun-
gen des Volks und sagen das auch. Ihre Elite, die oft aber
längst nicht immer mit den Besitzenden identisch ist,
weiß ja schließlich, wo es lang geht. In den Brüsten vieler
Linker, bei denen es inzwischen auch Besitzende gibt,
wohnen dagegen nur allzu oft zwei Seelen: die eine
denkt pathetisch, daß alle Menschen gleich sind und also
auch gleich viel zu sagen haben sollen. Die andre jedoch
traut, hierin den Rechten nicht unähnlich, unsrer kol-

lektiven Entscheidungsintelligenz auch nicht über den Weg und würde uns lieber, unbefragt, unser Glück verordnen. Es ist eines der heftigsten linken Tabus, davon zu sprechen, daß man gegen uns durchsetzen muß, was uns gut tut. Vermeintlich oder wirklich.

Im alten Rom gab es einst die Ur-Christen. Sie wurden von Löwen gefressen. Heute, wo es keine Löwen mehr gibt, sehne ich mich zuweilen nach so etwas wie Ur-Demokraten. Die unsre Bundesverfassung emphatisch ernst nähmen wie wir alle es schon längst nicht mehr tun. Wetten, daß viele unsrer real existierenden Demokraten sie bald einmal Kommunisten nennen würden? Nach neuen Löwen riefen?

25. 5. 1987

Leben ist Vergessen,
Vergessen ist Leben

Ich kannte einen Mann, der, alt geworden, das Gedächtnis verlor. Seine Krankheit hatte einen Namen, den ich
vergessen habe. Jedenfalls erinnere ich mich, meinen
greisen Freund schon einmal erwähnt zu haben, in einer
längst verblaßten Kolumne. Und bevor er von den zunehmenden Nebeln in meinem Hirn endgültig verschluckt wird, spreche ich noch einmal von ihm, denn
die spätern Zeiten werden nur das wissen, was geschrieben steht. Natürlich kann man sagen, ist ja egal, was
diese blöden spätern Zeiten überhaupt mitkriegen, von
ihm und von uns allen: aber wenn wir nur alt genug werden, werden wir sie am eignen Leib erfahren, diese fernen Jahre, und dann merken, zu spät und entsetzt, daß
die frühern wie weggewischt sind. Hirne sind Siebe. Wir
vergessen unsre ersten Lieben! Täglich hetze ich meine
grauen Zellen durch ein vielfältiges Fitneß-Programm
(sage zum Beispiel die Siebenerreihe rückwärts auf oder
denke mir Argumente für oder gegen die Totalrevision
der Bundesverfassung aus), aber wenn mich dann einer
fragt, wie es mir geht, sage ich dennoch »Danke, gut«.
Erinnerungsschwund.

Ganz anders mein alter Mann. Er war überhaupt nicht
entsetzt, denn er vergaß *alles*, auch das Entsetzen. Er saß

die ganze Nacht wach und staunte über die Gegenwart. Träumte von Anemonen, die ihn an nichts erinnerten. Sonst konnte es ihm geschehen, daß ihm etwas zu Boden fiel, und er bückte sich, und dann fiel er selber um und kam nur mühsam wieder auf die Beine, und wenn er dann endlich erneut stand, lag das Heruntergefallene, sein Hausschlüssel, immer noch tief unten auf der Treppenstufe. Er war, obwohl er von ihnen nichts wußte, jenen griechischen Greisen verwandt, die irgendwann einmal, schwarz gewandet, vor einer weiß gekalkten Wand auf einen Stuhl sinken und nie mehr aufstehen. Immer an Ostern, wenn die, die noch stehen, die Wand neu weißeln, werden die Stühle mit ihnen drauf um ein paar Meter verschoben und dann wieder zurückgestellt. Das sind die weitesten Reisen der alten Männer in Griechenland, von denen sie unvergeßliche Blicke in Fenster mitbringen, die ihnen sonst verborgen bleiben.

Einmal brachte ich ihm Erdbeeren, und die schmeckten ihm so, daß er mich fragte, was das denn sei, dieses Köstliche, und dann gleich noch, wer ich? Wer er?! Ich sagte ihm alles, und er sah mich mit zweifelnden Augen an, weil er, während ich antwortete, seine Fragen vergessen hatte.

Und jetzt fällt mir auch der Name seiner Krankheit wieder ein: Glück. Nichts erinnerte ihn mehr an irgendetwas. Alles war stets neu. Er stolperte, wie zum ersten Mal, aus dem Haus und landete im Zirkus, wo er über seinen ersten Clown vor Vergnügen krähte. Aß seine tausendste Röschti als sei sie die neueste Erfindung eines genialen Kochs. Fand den Heimweg nur, wenn einer wie ich, ein blitzneuer Freund, seine Schritte lenkte. Sonst ging er vorwärts bis nach Neuseeland, wo er hingerissen zwischen den vielen wolligen Tieren stand, die so schön Mäh machten.

Ich ging neben ihm, als er starb. Das heißt, er vergaß wohl einfach, daß das Leben uns Menschen nach unten zieht, und ging geradeaus, als die Straße sich jäh abwärts senkte. Auch jetzt noch ahnungslos, daß er dabei war, ein Engel zu werden. Ich ging weiterhin auf der Straße – er wurde hoch oben in der blauen Luft immer kleiner – und winkte ihm noch eine Weile lang. Aber dann ging das Leben weiter, dieses unerträgliche segensreiche ewige Vergessen.

1. 6. 1987

»Nicht für die Schule, fürs Leben lernen wir«

Die Lehrer und Lehrerinnen sind gewiß am wenigsten schuld daran, daß manche unsrer Kinder die Schule nur noch mit Valium oder Bier aushalten. Ihre Arbeit gleicht jener antiken Todesart, bei der die armen Opfer von vier Pferden zerrissen werden, die in je einer Richtung der Windrose losbrausen. Jeden Tag erneut müssen sie die Ansprüche des Staats, der Eltern, der Kinder und ihrer eignen Seelen aushalten. Versöhnen gar! Denn der Staat reitet gnadenlos auf seinen Lehrplänen herum, die ehrgeizigen unter den Eltern wollen konkurrenzfähige Kinder, diese möchten sich selber bleiben, und die Lehrer schließlich, ach, die Lehrerinnen wünschten sich wohl alle, jedes Jahr erneut autonome kritische lustvolle junge Erwachsene ins Leben entlassen zu dürfen. Doch genau dieses Leben ist nicht so, und es war offenbar auch schon zu Lucius Annaeus Senecas Zeiten anders, der kurz nach Christi Geburt in Rom lebte. Ihm wird zwar der im Titel dieser Kolumne zitierte Sinnspruch zugeschrieben, der nun in Goldbuchstaben das Portal mancher Schule ziert. In Wirklichkeit aber war Seneca sackwütend auf *sein* Schulsystem, das aus jungen Römern alte machte: marmorharte, auf Herrschaft getrimmte, herzlose.

Manchmal denke ich, daß man alle Lehrer und Lehrerinnen zuerst einmal in die böse weite Welt hinaus prügeln müßte. Erst mit 40 ließe man die, die dann noch wollen, in die Schulen zurück. Denn ist das nicht eine Ungeheuerlichkeit: in den Kindergarten gehen, in die Primarschule, ins Gymnasium dann, endlich auch noch auf die Uni – und nach all dem wieder in die Schule?! Ist es ein Wunder, daß manche Lehrer zuweilen doch ein bißchen wie Schulhäusler wirken, die lebenslänglich gekriegt haben? Von dem seltsam wirren Leben da draußen vor den Mauern eher verschreckt als angeregt?

Die ernüchterndste Erkenntnis für einen Lehrer ist, daß sein Arbeitgeber mit den Schulen, so wie sie sind, völlig zufrieden ist. Glichen die Schulen früher Kasernen, so sehen sie heute eher wie Montagehallen aus. Nur wer es zwölf Jahre lang in so etwas auszuhalten gelernt hat (und das scheint mir das tiefste Ziel aller Lehrpläne zu sein), wird sich auf eine 48-Stunden-Woche in einem Großraumbüro freuen können. Irre ich mich, wenn ich glaube, daß die besten Lehrer früherer Generationen erst im Verlauf langer Schuljahre merkten, in was sie sich da verheddert hatten? Daß dieser um sich schlagende Weg der leidvollen Erkenntnis für die Schüler oft lehrreicher war als der Wissensstoff des Lehrplans? Heute wissen die jungen Lehrer und Lehrerinnen schon, was nur alte wissen sollten. (Heute wissen wir alle zu vieles zu früh.) Wo ist eine genügend harmlose Umwelt, die uns wieder den schönen schmerzvollen Weg aus der Naivität ins Verstehen gehen läßt: langsam, Jahrzehnt um Jahrzehnt?

Mein Modell bleibt »Weniger Schule«. Kein Schüler ginge einen Weg, den sein Lehrer nicht auch gehen wollte und könnte. Natürlich würden alle etwas Verschiedenes lernen. Es wäre aus mit den Lehrplänen. Kein Kind müßte, wie heute, etwas in sich hineintrichtern, für das es noch gar nicht bereit ist. Jede Schule wäre eine Schule der Gefühle. Und alle lernten, daß wir für alles viel viel Zeit brauchen.

Seneca, der alte Römer, schrieb nämlich seinen berühmten Satz genau umgekehrt. »Nicht fürs Leben lernen wir«, schimpfte er, »sondern für die Schule!« Er wußte, wovon er sprach. War selber Lehrer, der des kleinen Nero, der dann später, als er Kaiser war, Rom anzündete und seinen Erzieher in den Selbstmord trieb.

9. 6. 1987

Wir armen Dichter

Immer wieder einmal reden wir Dichter vom Geld, und natürlich stets davon, daß wir keins haben. Denn tun wir es nicht, tut es überhaupt niemand. Kunst erscheint nur dem notwendig, der sie macht; denen, die sie morgen vielleicht sogar genießen, fällt nicht sehr auf, wenn sie heute ausbleibt. Und schon gar nicht kümmert sie, wie sie entlöhnt wird.

Aber in uns Schreibern lebt auch die Erinnerung daran, daß unsre Vorfahren einst die Wörter der Götter in Menschensprache übersetzten, und daß Propheten keine Bankkonten haben. Götter sowieso nicht. »Die Poeten«, schrieb Schiller an Goethe, »sollten immer nur durch Geschenke belohnt, nicht besoldet werden.« Kurz darauf verhungerte er. Weil wir von beidem wissen, vom Hunger *und* vom Götterauftrag, ist das, was wir vom Geld zu sagen wissen, widersprüchlich. Meistens sind wir wehleidig, zuweilen kämpferisch, und sonst hängen wir halt unsre Mäntel in die Flaute.

Dabei haben wir Anlaß zur Klage. Einer Befragung zufolge, deren Ergebnisse an den jüngsten Solothurner Literaturtagen vorgestellt wurden, betrug unser durchschnittliches Jahreseinkommen 9138 Franken. Das wird schon stimmen. Ich habe 1986 mit meinen Büchern 5041

Franken und 80 Rappen verdient. 420 Franken und 8 Rappen pro Monat, aufgerundet.

Geld und Bücher kamen erst in unsrer Zeit zusammen. Denn so wie einst die Fürsten und Könige wollten, daß wir ihre Minne und Kriege besangen, möchten auch die Kaufleute von heute, daß wir von dem künden, was ihren Herzen Schmerz und Lust bereitet: vom Geld. Manche von uns tun das umso müheloser, als auch sie Kinder unsrer Zeit sind und vom Gesetz der unablässigen Wertvermehrung geprägt. Wer will denn heute einen Lorbeerkranz! Auch ich habe viel lieber einen Scheck!

Dennoch nehmen für mein Gefühl allzu viele ohne jeden Schmerz in Kauf, daß sich auch in der Literatur mehr und mehr der solide Durchschnitt durchsetzt, wie das in einer Kaufmannswelt eben so ist. Denn die, die tagsüber unsre Gesellschaft im Schwung halten und abends ein Buch lesen wollen, stellen zwar oft und oft sehr laut die Frage nach seiner Qualität, beantworten sie aber fast immer falsch. Wer der großen Serie verpflichtet ist, hat nur selten auch noch Antennen für das Unerwartete.

So ist es wohl so etwas wie Selbstschutz, wenn wir Schreiber (etwa an Tagungen wie der in Solothurn) niemals davon sprechen, daß einige von uns mit glühenden Herzen und andere mit den Füßen schreiben. Eine Beißhemmung, weil wir ahnen, daß es der eigene Hintern sein könnte, in den wir unsre Zähne schlügen. Wir wollen zwar, logo, keine Durchschnittler sein, uns aber auch nicht mutwillig die Türen zu den Wonnen des Durchschnitts zuschlagen.

Was tun? Ich weiß es auch nicht. Ich weiß nur, daß die Widersprüche so heftig sind, daß es *kein* Modell gibt, das sie versöhnte. Sowieso schreiben die, deren Schicksal das Schreiben ist, auch dann weiter, wenn man ihnen gar nichts bezahlt. Sowieso wissen das auch die Verwalter der Kulturgelder.

Vielleicht also sollten sie im Gegenteil die fördern, die ihnen versprechen, nie mehr eine Zeile zu schreiben? Großes Pfadfinderehrenwort, und dafür gibts dann genau so viel Geld wie, sagen wir, Patrick Süskind mit seinem »Parfüm« verdient hat? Mal sehen, wer da zugreift, und wer nicht. Und vielleicht kriegen wir übers Jahr dann Bücher, die geschrieben werden *mußten*, nicht mehr ganz so viele, aber vielleicht ein paar tollere.

15. 6. 1987

Auf auf, ihr Hirten!
Die Kuh haut ab!

Eine Schweiz ohne Armee: wenn bei uns einer auch nur andeutungsweise davon spricht, wir könnten einst unbeschützt und waffenlos in unsern Blumenmatten herumtollen, fangen unsre Herzen an zu flattern, von den Hirnen ganz zu schweigen. Der Schreck, etwas Verbotenes zu denken, überfällt uns ganz von selbst, da können wir gar nichts machen. Kein Wunder also, daß auch unsre Parlamentarier auf jene Fernsehsendung[1] (auch wenn sie sie, wie die meisten von uns, möglicherweise gar nicht gesehen hatten) wie Hüterbuben reagierten, denen die Kuh, sonst immer brav, auf und davon war. Natürlich versuchten alle, sie wieder einzufangen, und riefen dazu uralte Sennensprüche, zum Beispiel, sie hätten genau gesehen, daß ihr ein Inländer aus dem Ausland Pfeffer in den Hintern getan habe. Jeder sagte, was ihm das Herz diktierte, sogar Herr Koller, der sonst auf seinen Kopf zu hören versucht. War es meine Schuld, daß ich fast nur Muh verstand?

Es scheinen vor allem Männer zu sein, denen der Ge-

---

[1] Der Film »Der Traum vom Schlachten der heiligsten Kuh« von Roman Brodmann setzt sich kritisch mit einer Schweiz ohne Armee auseinander und wurde am 1. 6. 1987 vom Süddeutschen Rundfunk ausgestrahlt. Er löste heftige Kontroversen in der Schweiz aus

danke an eine Schweiz ohne Armee so an die Nieren geht, daß sie nicht einmal ein kleines Minütchen bei ihm verweilen wollen. Panik, Panik. Ich vermute aber, daß diese selben Männer sich umgekehrt eine Armee ohne Schweiz bestens vorstellen können. Es längst schon tun, denn an genau dieses Konzept haben wir uns seit nunmehr fünfzig Jahren gewöhnt. Das Réduit *war* bereits die Armee ohne die Schweiz: ist es weiterhin. Ein strategischer Traum, den sich wohl nur Männer ausdenken konnten, Männer in Uniform, und den sie zu ihrem Glück nie leben mußten. Denn nur als Bubentraum wäre das herrlich gewesen: überall nur solche wie sie, in schützenden Höhlen, aus denen sie ihre Kanonen geschoben hätten, vor deren Mündungen, im ungeschützten Freien, die Frauen eingeschüchtert und doch wundersam erregt ihr Schicksal erwartet hätten.

Logisch, daß auf Männer dieser Art das Projekt einer Schweiz ohne Armee wie die späte Rache derer wirkt, die damals draußen bleiben mußten und die, wer weiß, bei einem neuen Ernstfall wieder draußen blieben. Sie fürchten sich vor einer Schweiz ohne Armee, weil sie sie mit einer Schweiz ohne Männer verwechseln. Ohne Männer wie sie zum mindesten. Und da ist ja, andrerseits, auch wiederum etwas Wahres daran.

Ich habe damals jene Initiative nicht unterschrieben. Ich dachte nämlich, daß ich zwar an das Gute glauben möchte, aber mit dem Schlechten rechne, und daß man sich wehren können muß. Ich gehörte zu denen, die, fern der Heimat, staunenden Freunden davon berichteten, wie bei uns der Bankdirektor dem Büezer auf dem 30-Kilometer-Marsch die Gamelle trägt. Aber während ich so daherschwärmte, verwandelte sich hinter meinem Rücken mein demokratisches Militär in eine militarisierte Demokratie, deren zivile Heiterkeit jäh abgenommen hatte.

Unsre Ahnen von 1848 würden gewiß staunen, sähen sie die Armee von heute, diesen gemästeten Riesen, der fast ein Viertel unsrer Staatsausgaben frißt, und auch hie und da eine unsrer Freiheiten. Verstünden *sie* wohl jene unsrer Politiker, die einerseits andeuten, einer wie Max Frisch sei nicht mehr ganz richtig im Kopf, wenn er die Armee ein Machtinstrument der Reichen nennt, und die andrerseits darauf beharren, daß diese Armee auch bei einem Konflikt im Innern eingesetzt werden kann? Zweimal schon haben in diesem Jahrhundert uniformierte Schweizer auf zivile geschossen, beide Male bei sozialen Konflikten. Reicht das nicht?

22. 6. 1987

Die Tabus der andern

Obwohl wir keine Polynesier sind, ist auch für uns ein Tabu ein so heftiges Verbot, daß es uns unmöglich scheint, es zu verletzen. Als stürzten wir, täten wir es dennoch, auf der Stelle tot um. Unsre Tabus sind uns so selbstverständlich wie unbewußt, und also denken wir kaum je an sie und beißen uns lieber die Zunge ab als von ihnen zu sprechen. Die der andern dagegen (denn ohne diese Bannflüche unbekannter Götter scheint keiner leben zu können) erscheinen uns bizarr und oft geradewegs bescheuert. Und gewiß ist der Witz, der mir jetzt einfällt, deshalb so gut, weil er, wird er von Juden erzählt, vom *eignen* Tabu spricht: Ein Rabbiner kommt in eine Metzgerei, weist auf einen Schinken und sagt zum Metzger: »Geben Sie mir bitte ein halbes Pfund von diesem Lachs.« Sagt der Metzger: »Aber das ist doch Schinken!« Darauf der Rabbiner: »Hab ich Sie um Ihre Meinung gefragt?«

Eines *unserer* Tabus wurde durch die neue Debatte über die Armee deutlich. Mehr als ein Rat schien jäh von jener heiligen Scheu ergriffen, die einen Polynesier, dessen verbotenes Tier das Huhn ist, überfallen mag, wenn es ihn in einen »Wienerwald« verschlägt.

Was aber sind denn nun die heiligen Blindstellen der andern? Ist den Holländern das Sprechen über Berge verboten? Den Italienern, daß sie ihre Spaghettis auch nur mit Wasser kochen? Dem Vatikan, daß Jesus keine Bilanzen las? Den Amerikanern, daß erst ein Völkermord das Land Manitus in Gods own country verwandelte? Den Briten, daß sich auch Queens nicht durch Jungfernzeugung fortpflanzen? Oder den Franzosen, daß nicht *alle* historischen Vorgänge hienieden mit ihrem vierzehnten Louis zusammenhängen?

Ich weiß es nicht. Einzig für jenen Teil Deutschlands, dessen Vorname Bundesrepublik ist, glaube ich zu ahnen, wovon seine Bürger in gemeinsamem stummem Einverständnis nicht sprechen mögen. Zu viele Symptome: daß der nationale Feiertag der 17. Juni ist, an dem einmal Unzufriedene des *andern* Deutschland ihre Polizei mit Steinen bewarfen, und nicht etwa der 8. Mai, an dem sie selbst vom Terror der Nazis befreit wurden. Im Gegenteil, dieser Tag heißt heute noch »der Zusammenbruch«, »die Katastrophe« oder »die Niederlage«; allenfalls »die Stunde Null«. Und auch am 20. Juli (an dem Stauffenberg Hitler in die Luft sprengen wollte) hat keiner schulfrei.

Dennoch ist das Tabu nicht die vielfältige Kontinuität zwischen dem faschistischen Deutschland und der heutigen Bundesrepublik. Davon redet ein jeder. Nein, das Unaussprechliche scheint mir zu sein, daß viele viele viele mit dieser Vergangenheit *einverstanden* zu sein scheinen. Sich erst dann nicht wohl fühlen, wenn andere sie in Frage stellen.

Reden sie nicht von ihr, weil es das Tabu so verlangt, oder halten sie einfach die Schnauze, weil sie damals gelernt haben, daß das nie schaden kann? Vielleicht nämlich ist ihr Tabu inzwischen gar keins mehr. Seit ein paar Jahren scheint das Unsägliche sagbar geworden zu sein. Manche in jenem Land – vom Faschismus gebrannte Kinder – sehen inzwischen wie Menschen aus, die ihren Prozeß verloren haben, in der letzten Instanz.

Im übrigen möchte ich *uns* nicht sehen, wären wir in die gleiche Lage gekommen. Selbst ohne alte Nazis haben wir heute neue. Vielleicht *müssen* wir Menschen uns immer wieder mit unsrer Geschichte versöhnen, ums Verrecken sozusagen, auch wenn wir uns dabei alle Taschen vollügen. Denn wir können zwar ein falsches Leben leben, oft ohne jede Mühe sogar: aber den Gedanken, früher einmal falsch gelebt zu haben, den ertragen wir nicht.

29. 6. 1987

Ferien und Glück

Immer wenn bei uns endlich die Sonne scheint und die Häuser und Gärten in den herrlichsten Farben erglühen, stürzen wir, einem furchtbaren Fluch gehorchend, mit Sack und Pack davon und kämpfen uns, schon unterwegs von ähnlich Getriebenen umgeben, zu einsamen Inseln und Stränden vor, die ohne uns tatsächlich schön wären. Auch ich habe es immer so gehalten; kenne Kreta und Jerusalem und Bergün. Dieses Jahr allerdings nehme ich den Satz ernst, den ich vor Jahren einmal gelesen habe und der seither in mir herumrumort: daß wir wegfahren, um anderswo Menschen zu sehen, die zu Hause bleiben. So kehre ich also den Spieß um und will nun endlich der sein, zu dem die andern kommen. Jene, die der Fluch *ihres* Landes zu uns treibt. Ich stelle eine Holzbank vor mein Haus, setze mich darauf und rauche mein Pfeifchen, und aufgeregt schnatternde Japaner oder herrlich blonde Schwedinnen gehen an mir vorbei und fotografieren mich in meiner einheimischen Tracht, einem T-Shirt, auf dem Coca-Cola steht. Diesmal schaue nicht *ich* neidzerfressen auf verwitterte Fischer oder Kannibalen, denen das *tourist office* verboten hat, mich in ihre Suppe zu tun. Diesmal glotzen die Japaner und Schwedinnen *mich* an und hadern mit *ihrem* Schicksal.

Natürlich stellt sich das Glück nicht von allein ein. Es tut das ja schon im Alltag nicht: wieso sollte es uns just in den Ferien aus der Hand fressen? Dennoch vermeinen wir nur allzu oft, einen Vertrag über vier Wochen garantierte Glückseligkeit zu schließen, wenn wir bei Kuoni oder Hotelplan ein Ticket kaufen. In Wirklichkeit müssen wir uns dann schon selbst um unsre Seelen kümmern. Aber weil viele *jedes* Risiko ausschließen wollen und gerade deshalb in jeden Hundedreck trampeln, werden die Gerichte, kaum sind die gescheiterten Glückssucher zurück, mit Klagen überschwemmt, die die verpaßte Herrlichkeit auf dem Prozeßweg doch noch einfangen sollen. Im Winter klagen die Skifahrer gegen den Verkehrsverein, wenn der Schnee ausbleibt, und im Sommer wird jeder im Nebenzimmer Schnarchelnde gerichtlich verfolgt, oder wenn der vertraglich festgehaltene Meerblick über ein Chemiewerk hinweg geht.

Natürlich ist das Glück auch nicht einklagbar. Es geschieht aber dennoch, und die schrecklichste unter meinen Lieblingsgeschichten ist diese: ein Mann und eine Frau fuhren in den Süden, und kaum waren sie angekommen, starb der Mann. Die Frau, die sich so auf ihre Ferien gefreut hatte, legte ihn in die Tiefkühltruhe des Hotels und kostete jede Minute am Strand aus. Dann, wieder zu Hause, führte sie einen Prozeß, weil nämlich der Mann seine Mahlzeiten nicht gegessen hatte. Das Hotel machte, wenn ich mich recht erinnere, eine Wertminderung der Tiefkühltruhe geltend, und es kam zu einem Vergleich. Man verglich irgendetwas – den Mann mit der Truhe – und einigte sich auf unentschieden. Die Frau mußte die Hälfte der Gerichtskosten bezahlen. Ich weiß nicht, ob sie glücklich war oder nicht.

Im übrigen wäre mir ein Leben am liebsten, in dem es keine Ferien gäbe, weil unser Alltag unsre Erholung und die Erholung der Alltag wäre. Natürlich kämen wir etwas weniger in der Welt herum, und vielleicht besuchten uns nicht mehr ganz so viele Japaner und Schwedinnen. Ein paar Wirte und Hoteliers wären unglücklich. Dennoch würde ich es, glaube ich, ganz gut aushalten, einfach nur so vor meinem Haus zu sitzen und von gar niemandem fotografiert zu werden.

6. 7. 1987

Sein oder nicht sein

Das Sein bestimmt das Bewußtsein, und das Leben von uns Menschen ist durch unsre Klassenlage bestimmt. Und weil das stimmt, wiederhole ich es ohne die Wörter von Karl Marx: nämlich daß wir nichts denken und fühlen, was nicht durch unsre Lebenserfahrung in uns hineingekommen ist, und daß diese Erfahrung, wie das ganze Leben selbst, durch den sozialen Ort bestimmt ist, an den uns unser Schicksal verschlagen hat. Ein Bauer denkt bäurisch, und ein Seifenfabrikant fühlt seifenfabrikantisch, und sie tauschen ihre Rollen nie. Kaum je jedenfalls.

Seltsamerweise müssen solche Gedanken, die in der Theorie nach der Revolution rufen und in unsrer derzeitigen Praxis eher dem guten alten Schicksal gleichen, bei vielen als Entschuldigung herhalten, wenn sich in ihrem eigenen Leben der Entwurf und die Ausführung nicht decken. Denn mancher, der Verwaltungsjurist geworden ist, fühlte in sich einst die Begabung zum Löwenjäger. Es ist ja in der Tat kränkend, einfach selber sein Leben versiebt zu haben, und es ist außerordentlich entlastend, wenn andere, gar noch die Umstände, daran schuld sind. Eine radikale Theorie, mag sie noch so richtig sein, kann zuweilen auch von der eigenen Wehleidigkeit ablenken. Wie viele von uns (denken viele von uns) wären längst beim Film oder Nobelpreisträger oder Kaiser von Sumatra, wenn nur die Karten im Spiel des Lebens nicht so ungerecht verteilt wären!

Ich spreche also nicht von den hungernden Kindern in Afrika, wenn ich jetzt behaupte, daß ein jeder von uns so ziemlich genau an dem Ort landet, der ihm angemessen ist. (Denn wie könnten Totenhäuser, von denen es auf dieser Erde so schrecklich viele gibt, angemessene Orte sein.) Aber der Verwaltungsjurist *hat*, auch wenn er uns abends beim Bier das Gegenteil versichert, in seinem ordentlichen Büro und seinen genauen Sätzen sein heimeliges Nest gefunden, und auch wir andern, die seinen Klagen nickend zuhören, sind völlig richtigerweise keine Filmstars und Kaiser von Sumatra geworden, sondern rechtschaffene Bauzeichner und Schriftsteller.

Denn wir haben alle nicht nur unsre Begabungen, sondern sind zu ebenso vielen Dingen überhaupt nicht fähig, unter keinen Umständen. So gern wir unsre glanzvollen Talente herzeigen, so diskret und konsequent vermeiden wir das, was zu leisten wir uns nicht zutrauen. Und mögen uns unsre Begabungen bei der Wahl des Lebenswegs noch so sehr steuern: wir gehen auch jeden Umweg, wenn wir hinter einer Biegung das Gespenst des uns Verbotenen erkennen. So sind wir alle nicht nur durch unsre Zielstrebigkeit das geworden, was wir sind, sondern ebensosehr auch durch das, was wir unterwegs ausgeschlagen haben. Es *gab* ja Kreuzungen und Gabelungen! Am Ende muß ein jeder die Frage, was *er* denn vermeidet, für sich selber beantworten. Eine jede, was sie.

Ich kannte einen Mann, der ein Leben lang einen jeden wissen ließ, daß er eigentlich ein alter Grieche sei und daß sich seine Talente unfaßbar entwickeln würden, lebte er nur im herrlichen Athen. Und dann machte das Schicksal mit ihm jene Ausnahme, die sogar die grausame Marxsche Regel zuzulassen scheint, und er hatte plötzlich die Möglichkeit, sein Leben unter den angenehmsten Bedingungen in Athen fortzusetzen. Was tat er? Er sagte Nein und lebte genau so weiter wie zuvor, mit dem einzigen Unterschied, daß er es dem Schicksal übel nahm, ihm und uns seine Lebenswahrheit so brutal offengelegt zu haben.

Aber vielleicht zerbricht sich außer mir kein Mensch den Kopf über den Lebensweg. Oft führt mich dieser sowieso in eine Gartenwirtschaft, und dann gibt es auch in mir, der ich sonst ein zweiter Hamlet bin, nur noch die Frage »Wein oder nicht Wein?«. Nach dem ersten Halben bin ich mit der Ausführung meines Lebensplans völlig einverstanden, und meine Klassenlage kann mich vorne und hinten.

13. 7. 1987

Müde oder wach

Eins von den vielen Dingen, die ich nicht weiß, ist: was ist besser, müde oder wach? Wenn ich erschöpft bin, weiß ich oft Klareres. Wach will ich nur vorwärtsleben: gesund und dumm sind dann das gleiche. Aber ich kannte auch einen, der immer müde war, und alles blieb völlig unklar in ihm drin bis er implodierte. Ich fand ihn tot im Bade, eine Zigarette zwischen den zusammengebissenen Zähnen.

Dennoch sind zuweilen die Besinnungslosen klüger als Besonnene. Physiker trinken, und am nächsten Morgen rinnt die erlösende Formel aus ihnen heraus. Niels Bohr, sagt man oder sagte er selber, *träumte* sein Atommodell. Er zeichnete es am Morgen im Halbschlaf auf, und siehe da, ein paar Striche hier und ein paar Zahlen dort, und er war bereit für den Nobelpreis.

In einer Nacht, kürzlich, lag ich bis fünf Uhr wach. Ich las mit wehen Augen in der *Suche nach der verlorenen Zeit* von Proust, der von einer Frau schrieb, die ihn nicht erhörte, und deshalb lag *er* schlaflos und las in einem Buch, das ihn auch nicht einschläferte. Dabei hatte *ich* ja eine Frau; sie schnarchte glücklich neben mir; das wars also nicht. Und während ich weiterhin nicht einschlief, dachte ich, daß Proust im wirklichen Leben an Männer gedacht hatte. Es war alles schon recht kompliziert. Endlich fielen mir doch die Augen zu. Ich träumte, ich sei Niels Bohr und hätte ein so tolles Buch geschrieben, daß einfach *jeder* Leser spätestens nach dem ersten Kapitel tief schlafe.

Jener Müde übrigens aß jede Menge Aufputschmittel, die er dann mit ungezählten Valium dämpfte. Auch rauchte er so viele Zigaretten, daß, als er eines Tages die Marke wechselte, seine bisherige Konkurs machte. Die neue konnte ihr plötzliches Glück nicht fassen. Monatelang analysierten die Fachleute ihren unerwarteten Erfolg. Als sie die Lösung zu haben schienen, wechselte der Müde erneut die Marke. Er war übrigens mein Vater. Die Marke wechselte er, weil der Zigarettenfabrikant ein Nazi war. Sowas tat man damals.

Und nun noch ein Wort zur Trunksucht. Ziemlich lange nämlich war ich erschrocken darüber gewesen, daß die Mächtigen der Erde trinken, schnupfen und Tabletten essen. Ich dachte, in ihrem Dusel machen die gewiß einmal einen Blödsinn, den zu bereuen sie am nächsten Morgen keine Gelegenheit haben, weil es keinen nächsten Morgen gibt. Aber inzwischen denke ich, ob es nicht sein könnte, daß gerade die nüchterne Menschheit immer todessehnsüchtiger wird, während die mit dem Daumen am Drücker von Party zu Party taumeln und uns das Ende verweigern, weil sie sich so wohl fühlen?

Ich, schlaflos aus Berufung, trinke auch gern. Lange Zeit dachte ich sogar, aufpassen, Urs!, wenn überhaupt, dann ist das deine Sucht! Wenn nur. In Wirklichkeit bin

ich einer, der am Morgen zuerst ein paar Zeilen schreiben muß, und dann kann ich den Kaffee trinken ohne ihn
zu verschütten.

Mein Vater dagegen, der schlief noch bevor sein Kopf
das Kissen berührte, nahm nie einen Tropfen Alkohol
zu sich. Mir muß man dafür, wenn ich Fieber habe, die
Tabletten mit dem Hammer in den Rachen hauen, und
ich habe meine erste und letzte Zigarette mit 17 geraucht,
als ich dachte, die Frau, die ich liebte, nähme mich sonst
nicht wahr. Sie tat es, weil ich so hustete, klopfte mir das
Herz aus der Brust und setzte es dann wieder ein.

Mein Vater trank Kaffee, literweise. Ich trinke Kaffee,
literweise. Wie sehr wir uns gleichen, der Vater und ich.

20. 7. 1987

Rede zum 1. August

Bundesräte lassen in der Regel das, was sie öffentlich sagen, von einem bewährten Beamten aufschreiben, der sich in der Formulierung des größten erträglichen Kompromisses auskennt und den wir *ghostwriter* nennen, weil er auch die klügsten Magistraten in Gespenster verwandelt, die Gedanken von sich geben, die sie weder denken noch billigen noch, auch das kommt vor, verstehen. Und weil das so ist, versucht tatsächlich immer wieder einmal einer, etwas Eigenes zu sagen. Obwohl sich sofort alle Sicherheitsbeamten über ihn werfen und jedes Mikrofon auf der Stelle abgeschaltet wird, hören wir dann doch zuweilen ein Fitzelchen von dem, was jenseits des Konsenses der Kollegialregierung in seinem Hirn vorgeht.

Irgendwo in einem Atoll im Pazifik, glaube ich, lassen sich die Staatspräsidenten ihre Reden von richtigen Schriftstellern schreiben. Das kommt bei uns natürlich nicht vor. Bundesrat Koller spräche gewiß kein Sterbenswörtchen von Friedrich Dürrenmatt (obwohl *er* ihn kennt), und Frau Kopp bisse sich sicher lieber die Zunge ab als eine der Ungeheuerlichkeiten Max Frischs in den Mund zu nehmen. *Ein* etwas heftiger Gedanke Jürg Federspiels, und der Kiefer Herrn

Schlumpfs[1] wäre ausgerenkt! Allenfalls dem weltläufigen Monsieur Delamuraz[2] gefielen vielleicht, für die Eröffnung der OLMA[3], ein paar Sätze von Ramuz, aber Ramuz ist tot.

Auch mich fragt keiner. Dabei wäre ich vermutlich billiger als die andern, und ich nähme jeden von den sieben. Eine 1.-August-Rede zum Beispiel kommt bei mir auf zehn Franken pro Zeile (ein hervorragendes Preis-Leistungs-Verhältnis), plus einen Fünfliber extra für jeden Zwischenapplaus. Natürlich werden Witze ebenfalls gesondert verrechnet, wobei auch hier mein Honorar leistungsorientiert ist. Kein Lacher, kein Geld.

Am liebsten, das gebe ich gerne zu, schriebe ich die Rede für Bundespräsident Aubert[4]. Er schaut immer so traurig, so als ob er in nur ihm sichtbaren Fettnäpfen stünde, und er hat einen Akzent, der mich bei Frauen veranlaßt, sie zu heiraten. »Liebe Landsleute!« riefe er also mit meinem Spick in der Hand. »Ich werde die kürzeste Rede meiner Laufbahn halten.« Die Zuhörer klatschen, und Bundesrat Aubert klaubt etwas verdutzt einen Fünfliber aus seinem Hosensack und schiebt ihn mir zu. »Ab sofort werden wir jedem, der zu uns kommt und statt des allgemeinen sein besonderes Interesse im

---

[1] Leon Schlumpf war Bundesrat vom 1.1.1980 bis 31.12.1987, Vorsteher des Verkehrs- und Energiewirtschaftsdepartements
[2] Jean-Pascal Delamuraz ist Bundesrat seit dem 1.1.1984, Vorsteher des Volkswirtschaftsdepartements
[3] Jährlich stattfindende Ostschweizerische Land- und Milchwirtschaftsausstellung
[4] Pierre Aubert ist am 31.12.1987 zurückgetreten

Kopf hat, einen gewaltigen Tritt in den Hintern geben – und sollte sich dieses Land bis auf den letzten Mann entvölkern. Hugh, ich habe gesprochen.«

Donnernder Applaus. Raketen zischen, und Alphörner blasen. Da hebt Bundespräsident Aubert, der jetzt aussieht, als stünde er *gern* in Fettnäpfen, die Hand. »Noch etwas!« ruft er. »Ab sofort sagt jeder Bundesrat selber, was er selber denkt! Es gibt keine *ghostwriter* mehr!« Der Applaus schwillt ins Gewaltige an, und Bundesrat Aubert – oder täusche ich mich da? – streckt mir die Zunge heraus.

Später sitzen wir alle an einem großen Tisch im Gasthaus: die Dorfwichtigen, die vom Kraftwerk, die Bauernobern, die von der Autopartei und die vom Straßenbau. Nach dem dritten Glas finden alle, daß es eine gute Rede gewesen sei. Schließlich sei der 1. August ein besonderer Tag, an dem ein Bundesrat schon einmal etwas Besonderes sagen könne. Wir prosten uns zu. Dann fahren wir mit unsern Autos heim, jeder mit genau 0,8 Promille im Blut. Nur Herr Aubert, der einen nüchternen Fahrer hat, liegt johlend auf dem Rücksitz seines Dienstwagens. Er hat auch jetzt seinen charmanten Akzent.

27. 7. 1987

Geld

Mein Vater war einer, der Hunderternoten als Trinkgelder gab, ohne ihren Wert allzu genau kennen zu wollen. Die Mutter dagegen kannte die Tagespreise von Petersilie auswendig und vermochte eine Obligation von einer Aktie zu unterscheiden. *Ihr* Vater nämlich, ein Bergbauernkind aus dem Veltlin, hatte sich in die Chefetage der damaligen CIBA hinauf- oder hinuntergearbeitet und war für ein paar Jahre reich geworden. Im *Big Bang* von 1929 zerstob das viele Geld wieder, und die Mutter erbte kaum mehr als das falsche Wissen, daß richtige Menschen von den Zinsen der Zinsen leben können müssen. Der Vater hingegen, in einer heiteren Gosse aufgewachsen, verjuxte einfach alles, was gerade da war, und mehr, und so hatte ich nie die leiseste Ahnung, ob wir mausarm oder reiche Säcke waren. Jeder sagte mir ständig etwas anderes.

Auch heute noch kommt mir das Geld wie eine schwer faßbare Himmelsmacht vor, denn es bestimmt unser Leben wie nichts sonst und ist dennoch völlig fiktiv. Darum vermutlich reden wir alle ununterbrochen davon (mehr jedenfalls als von der Liebe und von Gott), und wir lassen es wie ein Schicksal über uns herrschen. Väter, die ihre Söhne zu lieben behaupten, ruinieren sie

gnadenlos, wenn finanzielle Überlegungen im Wege stehen. Mütter, die sich für ihre Töchter das Herz aus dem
Leibe rissen, verlangen fünf Prozent Zins, wenn sie ihnen das Kinogeld vorstrecken.

Von der Weltökonomie verstehe ich so wenig, daß ich
schon wieder über sie zu schreiben wage. Tatsächlich
denke ich zuweilen, *niemand* habe auch nur die leiseste
Ahnung, sondern ganz viele Irre, zu denen wir auch gehören, hätten es sich in einem Wahnsystem eingerichtet,
das nur zusammenhält, weil noch keiner jenes einfache
Wort ausgesprochen hat, das alles zum Einsturz bringt.
So wie ein Leuchtkäfer, der sich eigentlich nur auf einem
Öltanker ausruhen will, den dritten Weltkrieg auslösen
mag. – Wie zum Beispiel können *alle* Länder, auch die
reichsten, irgendwo Schulden haben? Woher kommt all
das Geld? Gehören wir alle längst der Familie Rockefel-
ler und ein paar Saudis und der SBG und der Nestlé? Und
wie ist ein wirkliches Handeln mit wirklichen Dingen
möglich, wenn alle, auch die Volkswagenwerke und
unsre Banken, die Börsen von Tokio und Zürich als ein
besonders reizvolles Las Vegas betrachten? Wenn diese
Reichen vergessen haben, wie wirkliche Banknoten aussehen, weil sie längst nur noch grünflimmernde Ziffern
verschieben? Vielleicht gibt es das Geld, das auf ständig
neuen Kontoauszügen ausgedruckt wird, schon lange
nicht mehr? Und überhaupt, wieso macht immer noch
jemand Gewinne auf Kosten von jemand anderem, seitdem die Computer allen überall gleichzeitig das Gleiche
sagen?

Ich gäbe viel darum, einmal, und seis nur für die Dauer einer Minute, zu *wissen*, was gespielt wird auf dieser Erde. *Zack!*, und ich sähe mit zweifelsfreier Evidenz, ob, nur zum Beispiel, Präsident Reagan die Marionette des Papstes ist, oder ob der segnend die Hände hebt, wenn irgend ein Mafioso an ihm zupft, oder ob alle zusammen mit *mir* machen was sie wollen. Vielleicht lachte ich, und sicher würde ich sackwütend. Und endlich bemerkte ich auch das kleine Leuchtkäferchen! Es kreist schon die ganze Zeit über der Glatze eines unscheinbar aussehenden Herrn, der in einem verglasten Büro sitzt und gerade eine Verkaufsanweisung ins Telefon flüstert. Jetzt setzt es sich, das arglose Tierchen, und *wumm!* fliegt das ganze System in die Luft, genau so, wie wir seit Jahren wissen, daß es das tun wird.

3. 8. 1987

Meine Erfahrungen mit
der Pornographie

Vor Jahren (ich war jung) dachte ich, die Pornographie könnte die Hintertür sein, durch die eine wohltuende Anarchie in unsre Kunst führe; und wir kriegten endlich Kunstwerke, die unsre Sinne mit elementarer Wucht durcheinanderwirbelten. Aber natürlich war die Pornographie auch damals schon viel braver und konservativer als das wirkliche Leben. In jenen Büchern und Zeitschriften und Filmen lagen die Frauen *immer* unten (auch wenn sie zuweilen so taten als ob), und wir Männer waren *stets* die Chefs.

Auch ich habe einmal den »Hustler« gekauft (ich kriegte ihn übrigens in einem neutralen Umschlag, als seien meine Röntgenbilder drin). Zudem war ich in drei Pornofilmen. Der erste handelte von einem Briefträger, der einer Hausfrau einen Eilbrief brachte, als sie gerade duschte etc., und machte mich so geil, daß ich aus dem Kino ins nächste Postamt stürzte und Eilbote werden wollte. Den zweiten Film sah ich an einem sonnigen Nachmittag in Los Angeles. Er spielte an einem sonnigen Nachmittag in San Francisco, und es ging darum, daß die Tochter sah, wie ihre Mutter mit ihrem Verlobten, und der Schock war so groß, daß sie auf der Stelle blind wurde. Logisch, daß nun alle hemmungslos auf allen ritten, derweil die Tochter wie ein Huhn herumtappte und nur hie und da einen Spritzer abbekam. Als ich aus dem Kino kam, blind vor Erregung, war die Sonne untergegangen. – Der dritte Film spielte in einem Nonnenkloster und war so blöd, daß ich die Story vergessen habe. Bebende Beichtstühle.

Ist es nicht verblüffend, daß die Natur (die uns mit einem konfusen Hirn, einem sinnlosen Blinddarm und lieblos gestylten Ohren ausgestattet hat) unser Geschlecht dermaßen attraktiv gemacht hat, daß wir immer erneut nachprüfen, ob alles immer noch so herrlich ist wie beim letzten Mal. Wir können es nicht glauben. Als hätten wir kein Gedächtnis, müssen wir dieselbe uralte Erfahrung stets von neuem machen.

Dabei war Eva als kleines Baby eine Rippe! Allerdings, als sie dann groß war, hatte sie sich so herausgemacht, daß Adam sie nicht als einen Teil von sich erkannte, sondern ihren Apfel fraß. Vielleicht wollte er dann, als *ihre* Rippe, in ihr verschwinden, um seinen Fehler ungeschehen zu machen? Wie auch immer, aus dieser ersten Vereinigung zweier Menschen gingen Kain und Abel hervor, usw., bis wir fünf Milliarden waren. Und noch immer versuchen wir Männer, unsre Rippen in die Frauen zurückzustopfen, wo doch *sie* das tun müßten, in uns.

Kürzlich war ich im Niederdorf. Ein schmuddeliger Mann zwinkerte mir zu und flüsterte: »*Dirty pictures, Mister?*« Logo, daß ich sie kaufte. Als ich sie in einer dunklen Ecke des McDonald's anschaute, sah ich, daß der Mann mich betrogen hatte. Auf einem Bild war ein etwa zweijähriges Mädchen abgebildet, das mit einem ernsten Gesicht einen Plüschwaschbären fütterte. Ein anderes Foto zeigte einen Dackel vor einem Schrebergarten. Ein drittes eine lachende Frau an einem Waldrand.

Ich stürzte aus der Beiz und fand den Schmuddelmann tatsächlich. »Wofür halten Sie mich?« schrie ich. »Wenn ich zwanzig Franken ausgebe, dann für Fickfotos!« Er sah mich nachdenklich an. »Von Ihrer Sorte«, sagte er dann, »hatten wir früher viele. Inzwischen sind die Leute scharf auf Bilder wie die da. Ein liebes Kind. Eine treue Frau. Ein Haus voller Blumen. Wer hat das heute noch.«

Er nahm die Fotos, gab mir mein Geld, und schon in diesem Augenblick bedauerte ich, die herrlichen Bilder hergegeben zu haben.

10. 8. 1987

Die Welt spinnt

Es ist leicht zu beweisen, daß die Welt spinnt. Jeder von uns kennt ein paar tausend Beispiele: hoch oben am Himmel sprayen wir ein Loch in den schützenden Ozon, und hier unten bei uns, wo gar kein Ozon sein sollte, produzieren wir ihn. Baumgärtner belüften die Wurzeln verserbelnder Birken, während ein Amazonas nach dem andern abgehackt wird. Oder ein paar Verkehrsampeln sollen statt nur rot und grün auch noch gelb leuchten, und seither zerbrechen sich die Fachleute den Kopf, wie sie das bis 1994[1] schaffen sollen. Uns platzen die Bäuche, und in Afrika verhungern die Kinder. Die, die überleben, zeugen immer neue. In Griechenland stürzen die Schwalben, weil sie zu früh nach dem Süden aufgebrochen sind, gegrillt vom Himmel, und um die vielen Atomwaffen abzurüsten, müssen wohl auch diesmal wieder ein paar hundert neue gebaut werden. Die Welt spinnt, klar.

Weniger klar ist, *wer* genau spinnt. Sind es die, die anhand jeder vergilbten Tannennadel das Ende der Welt diagnostizieren, oder doch jene, die Davos, wenn der

[1] Die Luftreinhalteverordnung gemäß Erlaß des Bundesrates vom 16.12. 1985 schreibt vor: Bis zum 1.1. 1994 müssen alle Anlagen so verändert werden, daß die Luftreinheitsgrenzwerte aus den Fünfzigerjahren eingehalten werden können

Bannwald dann halt weg ist, in der Ebene wieder auf-
bauen würden, zwischen Rafz und Bülach? Die, die den
Eskimos das Robbentotschlagen verbieten, oder jene,
die es ihnen erlauben, weil sie sonst so schrecklich viel
saufen? Und was ist mit dem sympathischen Maler in
meinem Treppenhaus, der den ganzen Tag über hemmungslos jede Menge Gifte einatmet und mir abends
sagt, daß er mit dem Rauchen aufhören werde. *Wer
spinnt?*

Das Spinnigste ist vielleicht just, daß für jeden von uns
stets die andern spinnen. Alles können wir, nur eins
nicht: hinnehmen, daß wir oft genug ahnungs- und hilflos sind. Noch unser Bestgemeintes kommt einem andern in die Quere. Also fuhrwerken wir drauflos als
kennten wir den richtigen Kurs und hauen auf die Tische
als hätten wir einen Einfluß. Und wir lassen auch die andern fuhrwerken und hauen. Denn der Gedanke, daß
wir auch dann Opfer sein könnten, wenn wir Täter zu
sein vermeinen, ist uns viel unerträglicher.

Von Charles Darwin gibt es jenes berühmte Buch, in
dem er nachzuweisen versucht, daß sich bei Ameisen
oder Tigern oder Hominiden stets die effizientere Ent-
wicklungsform durchsetzt – und natürlich dachten wir
Menschen gleich beim Erscheinen des Buchs schon, *wir*
seien gemeint. Unser großes Hirn, so verstehen unsre
großen Hirne die Gedanken des großen Hirns Darwins
bis heute, ließ uns Herr über Ameise und Tiger werden.

Inzwischen allerdings stellen sich immer mehr von
uns die Frage, wie es denn kommt, daß, nur zum Bei-

spiel, der isländische Hirsch seit Jahrmillionen friedlich sein Moos frißt, obwohl ihm die Natur ein Geweih von der Größe eines Kronleuchters gegeben hat, und ein ziemlich kleines Hirn? Und auch die flämische Gackerente, keineswegs eine Leuchte, hält seit ewig ihr Schwänzlein in die Höh. Nur wir, die wir uns für die Sieger im Evolutionsrennen halten, rotten uns in einem irren Tempo aus, und hie und da gleich eine Ente mit uns.

Folgt daraus nicht, daß wir vor allem dann eine echte Chance haben, wenn unsere Hirne sich schleunigst auf etwa 180 Gramm zurückevoluieren? Bis spätestens 1997? Gewiß würden wir zuerst einmal etwas verwundert vor unsern ehemaligen Errungenschaften stehen. Den Ampeln und den Spraydosen. Aber dann vergäßen wir sie und begännen mit dem, was die Tiere seit eh und je tun: das zu bleiben, was wir sind, ohne täglich zu etwas Neuem fortschreiten zu wollen.

17. 8. 1987

Vielleicht sollte ich doch noch ein Zeichner werden?

Ich kannte einen Mann (er war schon alt, als ich ihn kennenlernte), der sein Leben lang *nichts* tat, nichts im helvetischen Sinn. Er hatte jenes Glück, das man für so etwas braucht, denn er bekam von seinem Bruder jeden Monat ein bißchen Geld dafür, daß er den gemeinsam ererbten Betrieb, ein kleines Unternehmen der Badewannenbranche, nie betrat. Ihm war das recht. Er ging spazieren und erfand wie nebenbei Aschenbecher, die Danke sagten, oder eßbare Dessertteller, und einmal einen in der Hosentasche tragbaren Sender, der die Haustür öffnete, wenn er *Stormy weather* pfiff. Oft stand er die halbe Nacht im Regen und versuchte, sich an die Melodie zu erinnern. Es machte ihm nichts aus, denn er hatte ja Zeit.

Ihm fiel es leicht, nichts zu tun. Ich, ein Schweizer von der Sohle bis zum Scheitel, kann das längst nicht so gut wie er. Nicht daß ich gern arbeitete oder gar begeistert aufstünde, wenn die Hähne krähn: dennoch dreht sich in mir (und vermutlich nicht nur in mir) ein Motor, der von einem wirkungsvollen Gemisch aus anerzogenen Ängsten und selber aufgelesenen Sehnsüchten angetrieben wird, und der bringt mich immer erneut dazu, mich mit triefenden Lefzen auf meine Schreibmaschine zu stürzen. Ich vergesse dabei völlig und ganz, daß ich einst stundenlang mit jenem müßigen Mann in Wirtschaften gesessen hatte, er sechzig und ich sechs, und ich zeichnete Büsis oder krakelige Selbstporträts auf die Papiertischtücher, und er bewunderte sie. »Aus dir wird sicher einmal ein Picasso!« Ich versprach es ihm. Was für herrliche Büsis würde ich erst malen, wenn ich dann einmal groß wäre! Was für Selbstporträts!

Irgendwie ist nichts daraus geworden. Ich zeichne immer noch Katzen, aber sie sehen noch immer so wie damals aus, nur nicht mehr so unschuldig. Und den Selbstporträts sind bloß oben die Haare ausgefallen, und unten haben sie jetzt einen Schnauz. Mehr nicht. Just von Picasso hörte ich dann später übrigens, er habe sich sein Leben lang bemüht, wieder wie ein Kind zu malen. Er muß es irgendwie anders gemeint haben.

Andrerseits: tun nicht viele just das besonders leidenschaftlich, was sie eigentlich nicht so recht können, und es kommt etwas Mutiges und Schönes heraus? Lispler werden Schauspieler, und Gehörlose Komponisten. Humphrey Bogart und Beethoven. Manche, die eine lebhafte kriminelle Phantasie haben, sind dann besonders gute Richter. Oder Richard Wagner, dem so wenige Melodien einfielen, daß er, um seine vierstündigen Opern mit Tönen zu füllen, das Leitmotiv erfinden *mußte*! Warum also soll aus mir nicht doch noch so ein Zeichner werden, auf meine alten Tage hin? Hans Erni kann doch auch nur Pferde! Morandi hat ein Leben lang nur Flaschen gemalt. Und Wolfgang Hildesheimer,

einst ein Schreiber wie ich, klebt Collagen voller zarte-
ster Farben, obwohl er farbenblind ist. *Weil*, vielleicht.

Natürlich wäre es noch besser, einem jener vereh-
rungswürdigen Schamanen gleich in heiterstem Müßig-
gang zu verharren. Aber bei uns manischen Westlern gilt
als sackfaul, was dort die höchste Stufe des Einklangs mit
Raum und Zeit ist. Und tatsächlich bewahrt uns die
Muße auch nicht vor dem Tod, genau so wenig wie das
Herumrotieren. Auch der Mann, mein Freund, starb. Es
ist schon lange her. Aber er will mir nicht aus dem Kopf,
dieser Glückliche. Er malte nicht und schrieb nicht, und
Musik machte er auch keine, wenn ich davon absehe, daß
er zuweilen sang, in der Badewanne, nicht sehr laut, aber
sehr falsch.

24. 8. 1987

Sollen Bundesräte
ins Gefängnis müssen?

Wenn Sie oder ich eine Wanne Altöl verbrennen, kommt die Polizei, und zwar mit Recht, denn wir brauchen Spielregeln, um es miteinander aushalten zu können. Gesetze eben, die Sanktionen für jene vorsehen, die dann doch das Verbotene tun. Das mag sie ärgern, aber für uns Brave ist die Rechtssicherheit etwas herrlich Beruhigendes. Wenn wir unserm Nachbarn eine Ohrfeige hauen wollen, können wir vorher nachschauen, was wir dafür kriegen.

Nun ist die Wirklichkeit immer vor den Gesetzen da, logischerweise. Einer muß zuerst einmal eine Wanne Altöl im Garten verbrannt haben, bevor die Gesetzgeber auf die Idee kommen können, es ihm zu verbieten. So rennt das arme Recht immer dem erfinderischen Leben hintendrein, und stets begeht irgendwo einer ein offenkundiges Unrecht, für das er nicht bestraft werden kann.

Leider sind die illegal qualmenden Altölwannen längst unser kleinstes Problem. Je enger sich unsre vielfältigen erdzerstörenden Handlungen in einander verzahnen, desto schwieriger wird es, einen Einzelnen zu finden, der für den angerichteten Schaden verantwortlich ist. Tag für Tag geht die Erde verschütter, aber immer seltener will es einer gewesen sein. Selbst wenn er die Spraydose noch in der Hand hat. Die Apokalypse ist straffrei. Dies auch deshalb, weil unsre kollektive Phantasielosigkeit grenzenlos scheint. Wir zeigen mit spitzem Finger auf das kleine Böse und machen beim großen Bösen mit, weil wir es gar nicht erkennen. Wer kann sich seinen Krebs vorstellen, wenn er ihn noch nicht spürt?

Zwar gibt es (nur zum Beispiel) ein Loch im Ozon, und wir haben alle auch davon gehört, daß daran die von uns in die Luft geblasenen Fluorkohlenwasserstoffe schuld sein sollen. Dennoch. Wir *wollen* einfach nicht denken, daß die Sonne unser Feind werden könnte! Daß wir tagsüber in Gewölben hocken müßten (in Mondanzügen zur Migros gehen) und unsre Äcker, falls wir Bauern sind, nachts bestellen! Daß Finnland im Winter unser bevorzugtes Ferienland würde, und daß »schönes Wetter« ein trüber Regentag wäre! Eine schwarze Utopie? Schon heute ist doch ungesund, was einst besonders herrlich war. Wer steigt denn an einem heißen Sonnentag noch auf den Rigi oder den Säntis, in die höchsten Konzentrationen just jenes Gifts hinein, das uns höher im Himmel oben zu fehlen beginnt? Gesund ist inzwischen, tagsüber im Kino zu sitzen und sich alte Filme von Bergwanderungen von früher anzusehen, gemütlich rauchend.

Weil unsre Politiker für buchstäblich gar nichts zur Verantwortung gezogen werden können (es sei denn, sie verbrennen höchstpersönlich jenes Altöl in der Wanne im Garten), beteiligen sie sich immer unbekümmerter an diesem Krieg mitten in unserm sogenannten Frieden. Nicht alle, ich weiß: aber zu viele. Früher, nach jenen unseligen tausend Jahren, gab es etwas, was man Verbrechen an der Menschheit nannte. Heute werden, bei uns, keine Andersdenkenden in Lager verschleppt. Aber, Hand aufs Herz, werden nicht dennoch dauernd Verbrechen an der Menschheit ausgeübt, an uns, vor unsern Augen? Andere als damals gewiß, aber möglicherweise ebenso tödliche? Nur daß es diesmal keinen schuldigen Hitler gibt, keinen verantwortlichen Bormann, sondern nur viele viele Unschuldige? Wem fällt ein Mittel ein, unsre unschuldigen Politiker wieder in ihre Verantwortung zurückzubinden? Sie angemessen aber energisch für ihr Handeln haftbar zu machen? So daß, im schlimmsten Fall, tatsächlich einmal ein Bundesrat seine Pension im Gefängnis verzehren müßte?

31. 8. 1987

Die industriellen Künstler

Wir alle haben uns daran gewöhnt, den Don Giovanni in den Kassettenrecorder zu schieben, wenn wir auf den Don Giovanni Lust haben. Klack! Nie mehr denken wir, daß unsre Großeltern vor Glück vergingen, wenn sie so eine Musik *einmal* im Leben hörten. Wo hätten sie sie auch hernehmen sollen, wo doch Mozart selbst nicht alle seine Werke gehört hat, längst nicht alle. Sie sangen und pfiffen eben, die Großeltern, und einige fingerten auf dem Klavier die herrlichen Melodien nach. Kein Musikstück gab es überall gleichzeitig, kein Bild, keine Statue. Es gab nur die Bibel, und später auch einige weltliche Schriften, weil Gutenberg den fleißigen Mönchen noch mitten im Mittelalter ein frühindustrielles Schnippchen geschlagen hatte.

Natürlich macht es einen Unterschied, ob wir jederzeit und mühelos einen Don Giovanni hören können, oder ob wir nach Prag reiten müssen, um ihn ein einziges Mal kennenzulernen. Und weil die Großeltern sich auf ihrer Reise so angestrengt hatten, war ihnen auch klar, wie sehr Mozart ins Schwitzen geraten war, um für sie einen so guten Don Giovanni zu schreiben. Er war fast draufgegangen dabei, das glaubten sie ihm gern. Ihnen tat der Hintern auch noch weh in ihrer Loge.

Denken *wir* jedoch, wenn wir eine Kassette einschieben, auch nur eine Sekunde lang, daß die Musik, die wir hören, von jemandem *gemacht* worden ist? Unter Schmerzen gar? Sie ist einfach da, diese Musik, genauso wie die Kassette, in großer Serie irgendwo hergestellt. Daß die super ausgesteuerten Töne von irgendwem erlitten sein könnten, gar unter dem Einsatz seines Lebens: das kommt uns absurd vor. Wieso soll ein Don Giovanni nicht von Industrierobotern montiert werden können?

Daß wir, die Konsumenten, so denken, ist durchaus noch zu verstehen. Schließlich strengen wir uns für unsern Musikgenuß nicht die Bohne an und haben uns daran gewöhnt, daß jeder Ton, nach dem wir verlangen, jederzeit verfügbar ist. Wieso, um Himmels willen, sollten da die Produzenten schwitzen? Diese Produzenten, manche von ihnen, scheinen inzwischen genau gleich zu denken, obwohl sie es eigentlich besser wissen müßten. Denn Töne, die zu Herzen gehen sollen, müssen aus einem Herzen kommen. Aber nein. Längst schreiben die Tüchtigen unter den Künstlern die Auswertungsverträge vor dem Werk, und Gespräche über Kunst sind bei ihnen immer solche über Prozente. (Ich spreche der Einfachheit halber von Tönen: meine auch Ölfarben und Buchstaben.) Sie drängen geradezu danach, die Rolle von Industrierobotern zu übernehmen. Etwas Uns-aus-den-Socken-Hauendes wollen sie zwar durchaus noch schaffen (einen Platz 1 auf einer Parade) – aber *leiden*, bitte, das dann doch lieber nicht.

Wer hätte sich im übrigen, zu Großelterns Zeiten, vorstellen können, *wie* reproduzierbar alles und jedes würde! Mit dem Fernsehen konnten sie vielleicht noch rechnen, Ätti und Grosi: aber nicht mit seinen Folgen. Denn das Fernsehen ist ja nicht so blöd, weil die Programme so blöd sind, sondern weil es uns dazu verurteilt, alle gleichzeitig das Gleiche zu schauen. Don Giovanni *und* Kurt Felix werden da blöd, fast unterschiedslos, und gleichen aufs Haar der Ausübung von Gewalt.

Noch saugt die Industrie die Schöpfungen derer aus, die vorindustriell gearbeitet haben und, da und dort, arbeiten. Ich muß gestehen, ein bißchen fürchte ich mich vor dem Tag, da nur noch die industriellen Künstler in den Vorzimmern der Studios, Verlage, Galerien oder Fernsehanstalten sitzen werden. Alles, was tönt, bildert und wortet, wird dann völlig voraussehbar sein: unnötig.

7. 9. 1987

Gesucht: der einfache Leser

Es gibt in unsrer Branche – bei denen, die schreiben –, das Gerücht, daß unsre Leser allesamt einfache Menschen seien, positiv und aufrecht. So daß sie uns Schreiber fast notgedrungen entsetzlich kompliziert fänden, weil wir stets nur, statt über die Suppe, über die Haare in ihr schrieben und dabei übersähen, daß ihnen die Suppe selbst nach wie vor gut schmecke. Die Leser, sagt das Gerücht, sähen in heiterem Optimismus in eine schöne Welt hinaus, während wir Schreiber mißmutig in einem Dreck herumstocherten, den wir nur allzu oft auch noch selber herumgespritzt hätten.

Weil sich keiner von uns *gern* so unvorteilhaft von seinen Lesern abhebt, beginnen viele von uns, auch ich, ihren Arbeitstag mit einer Art Meditation, in der wir uns unsern einfachen Leser vergegenwärtigen. Da schwebt er über uns, etwas undeutlich aber immerhin. Einfach und sympathisch. Und wenn wir dann später zum ersten »Obwohl« kommen, heben wir nur kurz den Kopf, und falls er den Kopf schüttelt – und das tut er immer –, streichen wir das Obwohl, obwohl wir es gern hingeschrieben hätten. Der einfache Leser ist ein mächtiger Mann geworden. Ja, manche von uns fürchten ihn so sehr, daß sie es vorziehen, mit einem Salto rückwärts über den eigenen Schatten zu springen und lieber gleich für die zweihunderttausend Analphabeten zu schreiben, die unerkannt mitten unter uns leben sollen.

Seit Jahren versuche ich, einen einfachen Leser kennenzulernen; besonders an einer einfachen Leserin wäre ich außerordentlich interessiert. Nur, ich habe nie so jemanden getroffen, obwohl ich geradezu überfleißig die Orte besuche, an denen wir sie in unsrer Branche vermuten: Beizen, Trams während der Stoßzeiten, Fußballplätze, die Migros, Berghütten. Überall Menschen aller Art, Leser gewiß auch. Alle waren freundlich oder grob, klug oder dumm, alt oder jung. Nur einfach, das schienen sie nie zu sein. Sie wirkten alle überaus kompliziert, anders kompliziert als ich möglicherweise, aber ebensosehr. Und *nur* aufrecht und positiv kamen sie mir auch nicht vor.

Natürlich ist der einfache Leser eine Fiktion: hie und da eine, die im Klartext heißt, mach keinen Stunk, sonst verlieren wir Anzeigenkunden. Öfter aber wohl eine idealische, weil auch wir Schreiber gern einfach wären, positiv und aufrecht. Die allgegenwärtige Forderung, den einfachen Leser nicht zu vergessen, ist nur allzu oft die längst verschüttete Erinnerung an das Pathos des Schreibens überhaupt.

Nämlich, wer schreibt, muß *lieben*, die Welt und die Menschen auf ihr. Ohne Liebe zu dem, was man beschreibt, kommt keine Zeile zustande, die mehr wäre als jener redaktionelle Buchstabenabfall, ohne den sich nun mal keine Anzeigen plazieren lassen. Da uns die

Welt und die Menschen auf ihr diese Liebe nicht leicht machen – bestenfalls lassen sie uns die *enttäuschte* Liebe übrig –, ist *jedes* Schreiben schwer geworden, egal, ob einer eine Reportage über das Leben in Beirut schreibt oder eine Liebesgeschichte erfindet. Ein positiver Schreiber sein zu wollen *und* die Augen vor dieser Welt nicht zu verschließen: daran kann man sich schon die Zähne ausbeißen.

Es könnte durchaus sein, daß der eine oder andre Kollege in ein homerisches Gelächter ausbricht, wenn er das liest. Denn wenn es wohl wirklich keine einfachen Leser gibt, so haben sich inzwischen doch, vom Branchendarwinismus gefördert, einfache Schreiber herausgemendelt: die längst die Vorurteile jener synthetischen Leser verinnerlicht haben, die sie einst selber erfunden hatten.

14. 9. 1987

Theater

Einst waren die Theater üble Orte, und nur die armen Leute gingen hin (hie und da ein verhüllter König, aus einer versteckten Loge lugend). Die Schauspieler, von den Schauspielerinnen ganz zu schweigen, hatten einen so entsetzlich schlechten Ruf, daß die Geistlichen sich weigerten, sie in christlicher Erde zu bestatten. Theaterdirektoren gar, mein Gott, *viel* tiefer konnte man nicht sinken.

Heute ist alles anders, mindestens in unsern Gegenden. Da beschützt, wenns denn einmal sein muß, die Polizei die Theater, und wir Zuschauer kommen nicht aus den Slums der Großstädte, sondern im Gegenteil. Unsre Schauspieler werden, nach einem Leben voller Autogrammstunden, in aller Form beerdigt, und die Theaterdirektoren, weiß der Teufel, *viel* höher kann man nicht steigen auf der sozialen Leiter.

Überall, wo deutsch gesprochen wird, gibt es solche Theater. Stadttheater eben, oft altmodisch plüschige, zuweilen moderne Sichtbetonbunker. Alle jedenfalls werden in unsern Tagen unterschiedslos so geführt als habe Herr Hayek für die Schweizer Rück oder die Omega ein Sanierungskonzept ausgearbeitet und in den falschen Briefumschlag gesteckt. Die Schauspieler spielen mit

Sicherheitsgurten (nein, zugegeben, nicht *alle*), die Bühnenbildner hüllen die Stücke in funkelnde Schönheit (nicht *jeder*), und die Direktoren kriegen Gehälter, die man nur noch als Bestechungsgelder verstehen kann (alle). Als kürzlich ein neuer Direktor für das Schauspielhaus in Zürich gefunden werden mußte, brachte der, der ihn gesucht hatte, der überaus sympathische Werner Weber, unser aller *Security-first*-Denken denn auch auf den Begriff: stellte den Auserwählten mit dem Versprechen vor, von ihm seien gewiß keine Überraschungen zu erwarten.

Schade, daß er nicht mich gefragt hat. Erstens ließe ich mich auch gern bestechen, und zweitens habe auch ich ein Konzept. Nämlich, kaum wäre ich Direktor, entließe ich sämtliche Schauspieler. (*Und* die Dramaturgen. Vielleicht sogar die Techniker.) Von sowas träumt allerdings auch mancher unredliche Stadtvater – nur würde ich *nicht* Geld sparen und *keine* Maulkörbe umhängen wollen. Im Gegenteil. Mein Theater würde noch viel teurer. Aber alle an ihm Beteiligten fänden sich jäh in einer frühkapitalistischen Unsicherheit wieder! Vergössen literweise Angstschweiß, ob sie überhaupt noch eine Rolle kriegten! Sogar Maria Becker! Das ungerechte Leben hielte mit seinem ganzen Schrecken in meinem Theater Einzug, und Hader Streit und Neid wären an der Tagesordnung. Zuweilen aber gelänge uns vielleicht etwas überirdisch Schönes (Arbeit! Arbeit!), und an den Gagen sparte ich gewiß nicht.

Mag sein, daß der eine oder andre nun argwöhnt,

ich sei wohl vor allem der Fuchs, dem das Theater allmählich zu sauer wird. Ja, schon, natürlich. *Dieses* Theater hält kein Lebender lange aus. Andrerseits, wieso eigentlich gelten solche Spiele der Phantasie als *so* unmenschlich? Denen, die den Theatern die Stücke schreiben, mutet ein jeder so etwas ohne weiteres zu. Zu Recht übrigens.

Im übrigen ist das ja dann nicht mehr meine Sorge. Ich bin ja dann der Direktor. Ich organisiere das Ganze und kümmere mich um die Disziplin und trinke abends mit dem Stadtpräsidenten ein paar Cüpli. Und wenn auch ich das Theater gegen alle Bäume fahren sollte, nun denn, so entkrabble ich dem Wrack, wie vor mir so viele andre schon, und ziehe in die nächste Stadt, ans nächste Theater, und immer immer so weiter.

21. 9. 1987

Das immer schnellere Rasen
der Zeit

Es gibt, oder nicht?, einige Dinge, auf die wir uns in diesem unsichern Leben verlassen können: daß wir Menschen sterblich sind; daß, wenn das Gaswerk die Straße aufgerissen und wieder zugepflastert hat, gleich darauf die PTT damit anfangen wird; daß der Mond zu- und abnimmt; und daß die Zeit stetig im ewig gleichen Rhythmus verrinnt. Wir sehen sie auf unsern Swatchs, wie sie vorrückt, tack tack tack, und schon die antiken Sonnenuhren an den Tempeln von Sunion und Delphi tickten genau gleich schnell.

Meinen wir. In Wirklichkeit (wir ignorieren es nur, weil wir auch vom Hurrikan geschüttelt gern unsre Ruhe hätten) vergeht die Zeit immer schneller. Die Uhrzeiger müßten sich längst wie Propeller drehen und aus weltraumerprobten Materialien hergestellt werden, die die neue Zentrifugalgewalt aushielten.

Als das Rad erfunden und das Feuer gebändigt wurden: welche Gemächlichkeit überall. Der Radbauer konzipierte seine Erfindung für die nächsten paar Jahrmillionen und hatte recht. Auch der, der schneller als der Blitz einen trockenen Ast in den Blitz hielt, war sich im klaren, daß es nun für viele hunderttausend Jahre heiße Suppe geben würde. Der Sohn wurde der Vater, und die

Tochter die Mutter, und so weiter, und niemandem fehlte die Zeit, weil es unendlich viel von ihr gab.

Meinten sie. Inzwischen gibt es keine mehr, oder nahezu keine, und wir drängen täglich ganz selbstverständlich in einen Tag hinein, was früher ein Jahrhundert gedauert hätte. Treten eine Arbeitsstelle an und machen uns sofort auf den Weg zum nächsten Arbeitnehmerschrottplatz. Geben einer Frau das Ja-Wort auf dem Weg zum Scheidungsanwalt. Nehmen keine Nachricht, keine Mode, keine Musik, kein Bild, keine Erfindung wahr, keinen Menschen, weil sowieso gleich ein anderer kommt. Bald werden wir schneller als unser eigenes Licht sein, und dann können wir uns, wenn wir uns umdrehen, hinter uns dreinrennen sehen. Unser Tod wird vor unsrer Geburt liegen. Die AHV kriegen wir vor dem Beginn der Lehre, und die Freizeit vergeht uns dann so im Nu, daß sogar die Erinnerungsfotos (ein Tausendstel, Blende 16) verschwommen sein werden.

Aber noch gibt es Unterschiede! Japanische Uhren sollen heute die schnellsten sein: aber die aus der zentralasiatischen Mongolei gehen fast noch wie einst. Hohle Kaktusse, durch die Sand rieselt. Unsre Omegas und Tissots rotieren zwar auch schon schwindelerregend, aber noch sind unser aller Erfahrungen ungleichzeitig. Unkommunizierbar. Denn über alles kann man sich verständigen, nur nicht über verschieden gelebte Zeit. Kein Greis kann einem Halbwüchsigen mitteilen, was *seine* Zeit ihn hat werden lassen. Und auch der Japaner und der zentralasiatische Mongole (und wären sie auf den Tag gleich alt) werden nie eine Ahnung von einander kriegen. Es ist unmöglich, und das ist nicht etwa ein Jammer, sondern die Hoffnung, die uns für diese schöne Erde geblieben ist. Es ist nicht *überall* fünf nach zwölf.

Ein Uhrmacher in Tramelan, hat man mir erzählt, baut Uhren, die nur die Zeit zählen, die zu leben sich lohnt. Oft stehen die Uhren, meistens sogar, auch wenn man sich Mühe gibt, sie zu überlisten, und an einem gewöhnlichen Montag ein Filetsteak aus der Tiefkühltruhe holt. Manchmal sind die Zeiger der Uhr plötzlich zehn Minuten vorgerückt, und dann zerbricht man sich schier den Kopf, welche zehn Minuten das nun gewesen waren an diesem Tag.

28.9.1987

Abschied von meinen Lesern

Ich schreibe heute meine letzte Kolumne. Danke meinen Lesern und Leserinnen für ihre Treue.

Mit dem Schreiben von Kolumnen ist es wie mit der Liebe: man kann einander noch so viel ins Ohr flüstern, nie ist *alles* gesagt. Es gibt immer noch etwas. Gern zum Beispiel hätte ich noch über den Dorfplatz von Zumikon geschrieben, jenes in Beton gegossene Abbild der Seele Elisabeth Kopps; und am 19. Oktober hätte es mir auch gefallen, den bis auf die letzte Hinterbank grünen Nationalrat zu feiern; dann hatte ich auch noch eine witzige Geschichte in petto, wie mein Verleger und ich mit unsern Rennrädern (11-Gang-Schaltungen) den Pfannenstiel hochtoben, und was der Verleger dann sagt (ich bin atemlos und kann ihm nicht antworten). Wie ein Teufel hätte ich Tempo 30 in Großstädten bekämpft, denn ich sehne mich immer dringlicher nach Tempo Null. Gern hätte ich auch noch darüber gesprochen, wie Wörter als spanische Wände verwendet werden: so daß tödliches Dioxin zum »Schadstoff« wird. Und über Schönheit, und wie sich unsre Standards ändern. Sieben Bundesräte – sieben poetische Porträts: o zauberhafte Aufgabe! Dann ist mir das Gesetz vom unertragbar Perfekten aufgefallen: kaum ist in unsrer Industriewelt etwas so gut gebaut, daß den Ingenieuren keine Verbesserung mehr möglich scheint, wird es vom Markt genommen und durch etwas neu Verbesserungsfähiges ersetzt. Für Sherlock Holmes wollte ich ein Geburtstagslied singen und dabei die Frage endgültig klären, warum er nie mit einer Frau im Bett liegt. Bundesrat Koller, dessen Stil mir kein Vorbild ist, regte mich zu einer Gesamtschau mit dem Titel »So schreiben unsre Bundesräte« an. Und die lockeren Franzosen hatten es mir angetan, die mit den Pantoffeln in ihrem Plutoniumabfall herumlatschen: sind *wir* jetzt paranoid, oder sind *sie* blind? Endlich träumte ich auch noch von einer Kolumne in homerischen Rhythmen mit zeitgenössischen Inhalten (»Im Hexameter steigt Frau Kopp auf der Leiter nach oben – im Pentameter drauf fällt sie melodisch herab.«).

Je mehr Kolumnen man schreibt, desto mehr Themen stürzen auf einen ein. Man kann süchtig werden. In erhitzteren Augenblicken spielte ich mit dem Gedanken, täglich eine Kolumne zu schreiben, oder vielleicht eine jede Stunde. Natürlich kann man es auch übertreiben. Also stellte ich halt eine Säule meiner eigenen Weisheit neben die andre, und heute ist der Tempel krumm und schief. Das Leben lehrt mich mein unausweichliches Scheitern schon eine ganze Weile, und ich bin gerade dabei zu lernen, es *gern* zu tun. Dieses Leben mit pathetischem Ernst leicht zu nehmen und das auch noch aufzuschreiben, das ist schon ein bißchen die Quadratur des Zirkels.

O.k.. Ich sehe von hier aus bereits das Seitenende. Wenn sie das Ohr ganz nahe aufs Blatt legen – näher! –, dann hören Sie mich, wie ich zum Abschied leise Servus sage. Jetzt! – Ein Wort noch meinem Freund T., der meinetwegen extra die Schweizer Illustrierte abonniert hat. So geht das, lieber Thomas! Lies die Kolumnen meiner Nachfolger, sie werden dir auch gefallen, und ich erzähle dir meine nächsten paar tausend live, beim Bier. Sie werden, je später der Abend, immer mehr formale und inhaltliche Mängel aufweisen, in dieser Reihenfolge. Aber auch dann noch werden sie von Herzen kommen.

5. 10. 1987

Urs Widmer
im Diogenes Verlag

Alois
Erzählung. Pappband

Die Amsel im Regen im Garten
Erzählung. Broschur

Indianersommer
Erzählung. Leinen

Auf auf, ihr Hirten!
Die Kuh haut ab!
Über Gott und die Welt. Broschur

Das Normale und die Sehnsucht
Essays und Geschichten. detebe 20057

Die lange Nacht der Detektive
Eine Kriminalkomödie. detebe 20117

Die Forschungsreise
Ein Abenteuerroman. detebe 20282

Schweizer Geschichten
detebe 20392

Nepal
Ein Stück in der Basler Umgangssprache. Mit
der Frankfurter Fassung von Karlheinz
Braun im Anhang. detebe 20432

Die gelben Männer
Roman. detebe 20575

Vom Fenster meines Hauses aus
Prosa. detebe 20793

Züst oder Die Aufschneider
Ein Traumspiel in hoch- und schweizerdeut-
scher Fassung. detebe 20797

Shakespeare's Geschichten
Sämtliche Stücke von William Shakespeare
nacherzählt von Walter E. Richartz und Urs
Widmer. detebe 20791 + 20792

Liebesnacht
Erzählung. detebe 21171

Die gestohlene Schöpfung
Ein Märchen. detebe 21403

Das Verschwinden der Chinesen
im neuen Jahr
Mit einem Nachwort von H.C. Artmann
detebe 21546

Das enge Land
Roman. detebe 21571